효자, 시절

씨즈닝팩토리

효자, 시절

　　도심 속을 걷다, 홀로 시간이 멈춰버린 듯한 어느 공간을 마주한다. 마치 숲에 들어가는 느낌에 두리번거리다 도착한 곳은 커다란 아파트 단지. 오래된 나무들은 5층 아파트 높이를 훌쩍 넘어 몇 동인지 보이지 않을 만큼 울창하다. 전주에 이런 곳이 있었던가 싶을 만큼 생경한 모습인 이곳은 바로 '효자주공3단지'다. 우연히 효자주공3단지 아파트를 발견한 '소영'은 다른 이들에게 이곳에 대해 이야기 나눴다. 오래된 공간과 사물에 대한 기억을 바라보기 좋아하는 '채람'과 어릴 적 살았던 아파트의 마지막을 지켜보고 싶었던 '풀잎'이 모여 지금의 효자주공3단지 기록에 이르게 된다.

　　이십여 년 가까이 재건축 이야기가 나오는 아파트는 이상하게도 고요한 자태를 뿜어냈다. 담쟁이가 창문을 덮고 베란다 틈에 뿌리를 내린 작은 나무들이 자리 잡은 곳. 사는 이들이 많은 것 같지 않은데 화단과 농작물들이 가지런히 뒤섞여 있고 넓은 주차장에는 그래도 꼭 서너 대의 차가 주차되어 있다. 마치 잘 만들어진 테마파크를 걷는 느낌도 든다. 이곳이 곧 없어진다는 게 실감 나지 않았다. 어쨌든 결말을 알고 있기에 조금의 서글픈 마음과 애틋한 마음을 안고 우리는 아파트를 더 잘 알기 위해 움직였다. 이렇게 커다란 아파트 단지라면 관련된 정보나 사람들을 많이 만날 수 있을 것으로 생각했지만, 자료를 찾는 일은 생각보다 쉽지 않은 일이었다.

공간을 기록하는 방법에는 여러 형태가 있지만, 책『효자, 시절』은 효자주공3단지가 손과 눈에 오래도록 남을 재화가 되길 바라는 마음의 한 갈래다. 재건축된 후에도 효자주공3단지가 있었다는 흔적을 조금이라도 남겨두고 싶었다. 넓은 부지의 저층 아파트 단지가 사라지고 나면 풍경이 송두리째 바뀔 것이다. 사라지는 풍경에 대한 아쉬움, 뚜렷한 대책은 딱히 없는 현실적 결론에서 나오는 씁쓸한 여러 마음이 뒤섞인다. 효자주공3단지의 탄생, 성장, 유지, 그리고 노후화된 지금까지 이어지는 동안 아파트가 품은 이야기들을 어렴풋이 상상해 본다. 지금과 달리 상가는 꽉 차 있고 하교 후 아이들이 놀이터에서 부지런히 뛰노는 모습, 먹을 것들을 이웃과 나누기도 하며 서부시장에서 장을 보고 귀가하는 이들, 번듯하게 차려입은 사람들이 출퇴근하는 버스 정류장의 풍경, 그 당시에도 아파트를 아우르던 수많은 나무들…. 40년의 세월을 품은 효자주공3단지 생애의 마지막을 지켜보는 것, 그리고 이곳을 알릴 수 있다는 것으로 아쉬움을 달래본다.

이 프로젝트를 하면서 집과 주거 환경 더 나아가서는 한국 사회의 부동산에 대해 다양한 시선으로 바라볼 시간을 가질 수 있었다. 효자주공에서 만난 주민들, 지금은 떠났지만 잠시나마 살던 이들과 나눈 대화는 재개발에 대한 선입견을 다시 발견하게 하고 주거 공간의 형태가 어떤 곳이어야 할지 구체적으로 생각하게 했다. 또한 먼저 재건축된 아파트들의 기록인 『마포주공아파트』, 『둔촌주공아파트, 대단지의 생애』를 통해 많은 공부가 되었다. 자본 속의 아파트를 비판하는 것은 비교적 쉽지만 가장 깊이 배울 수 있던 것은 우리가 사는 곳에 대한 시선을 바꾸는 일이었다. 효자주공 아파트를 다녀오면 지금 머무는 터전을 잘 꾸리고 싶다는 애정 깊은 마음이 솟아올랐다. 마지막으로 김영숙 님과 '김밥 이야기'에서 만난 분들, 장근하 동 대표님, 이종일 효자주공3단지 재건축조합장님, 송정용 한들 슈퍼 사장님, 김완숙 님, 박경신 님, 장한빛 님, 하재필·심상숙 삼성세탁소 사장님 내외분, 이희석 관리소장님과 효자주공3단지 관리사무소 직원들께 마음 깊이 감사 인사를 드린다. 40년 세월을 뒤로 효자주공3단지 아파트는 사라지지만 이 책을 통해 내가 살고 있는 곳에 대해 따뜻한 시선과 다정한 마음이 깊어지면 좋겠다. 그 공간 속의 사람들에게는 다정해지길 바라며.

2024년 가을날 보금자리에서
김채람·양소영·이풀잎

차례

프롤로그 06

1부 시간이 멈춰진 곳 17

효자주공3단지의 탄생 21

효자주공3단지의 시간 32

효자주공3단지 이야기 지도 34

2부) 효자 시절, 그때 그 사람들 36

우리가 살아온 흔적 40

동네 장사의 매력 56

제2의 고향 같은 곳 64

봄 되면 벚꽃이 화하게 피거든요 78

인생이 바뀐 행복한 곳 92

보람찼던 내 인생의 정점 102

행복한 것을 생각한다면 118

위로되었던 나만의 공간 132

오래된 아파트를 관리한다는 것 144

효자주공3단지 10개월의 기록 162

에필로그 198

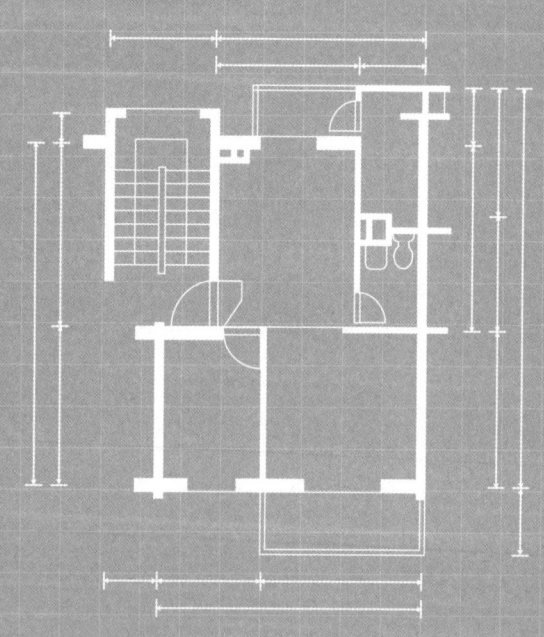

1부 시간이 멈춰진 곳

1984년에 꿈과 희망을 안고 준공된 효자주공3단지는 어느새 40년이라는 시간을 보냈다. 이제 이곳을 이야기하는 사람들은 많이 없지만, 아파트 곳곳에 40년의 기억이 담겨있다. 곧 재건축을 앞둔 효자주공3단지의 이야기를 기록해 본다.

1978년 효자주공3단지 부지의 항공사진, 전주시청

1984년 효자주공3단지 준공 후 항공사진, 전주시청

2023년 효자주공3단지 항공사진, 전주시청

효자주공3단지의 탄생

효자동은 김제시, 정읍시, 부안군, 고창군 방면 등으로 통하는 전주시 서남부의 관문으로, 용머리로 등 여러 큰길을 중심으로 형성된 주거형 도심 지역이다.

1980년대부터 효자동 1가에 대규모 아파트가 들어서기 시작했고, 이 일대에 본격적인 개발이 이루어졌다. 1960년대까지만 해도 전형적인 농촌에 가깝던 효자동 지역은 1970년대 후반 토지 구획 정리 사업, 효자지구 택지 개발 등으로 이전과는 완전히 다른 풍경의 동네가 되었다.

이를 주도한 것은 대한주택공사(현 LH)의 주공아파트 건설이다. 주공아파트는 대한주택공사에서 국민의 주거 안정을 위해 지은 아파트 단지를 말한다. 주택공사가 건설한 아파트를 말하기 쉽게 줄여서 '주공아파트'라 불렀다.

효주공3단지는 1984년에 1,230가구 규모로 지어진 아파트이다. 이 중 400세대는 임대로, 570세대는 분양했다. 나머지 260세대는 공무원 아파트 몫이었다. 전용 면적 13평에서 25평까지 전형적인 서민 아파트의 모습을 띠었다.

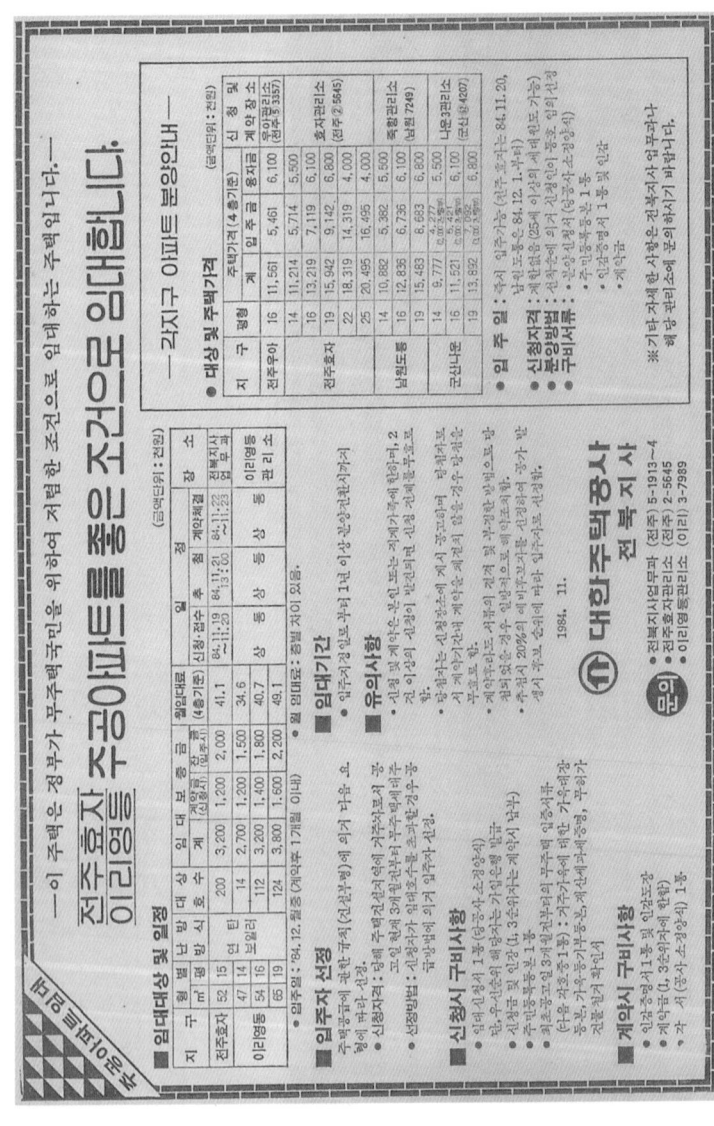

1984. 11. 14. 전주효자주공아파트 임대 공고, 전북일보

효자주공3단지는 총 35개 동, 1,230세대로 지어졌다. 우아주공, 인후주공에 다음가는 비교적 큰 규모에 속하는 대단지 아파트였다. 이전에 지어진 아파트들이 대부분 13평에서 18평 정도인 것에 비해 효자주공은 13평부터 25평까지 다양한 세대 규모로 혼합되어 공급되었다.

물론 16평과 19평형대가 가장 많은 세대수였지만, 22평형, 25평형은 아마 당시 부상하고 있는 '중산층'을 타깃으로 삼은 것으로 보인다. 전체 세대 중 10% 정도의 비율이었다.

80년대에는 아파트 단지 내부에 정구장과 같은 체육시설, 유치원, 목욕탕과 같은 주민 편의 시설이 함께 조성되는 것이 매우 일반적이었다. 효자주공3단지는 공무원 아파트도 함께 조성되어 넓은 평형대와 더불어 잘사는 사람들이 사는 고급형 서민 아파트라는 인식이 강했다. 그래서인지 효자주공3단지 앞 버스 정류장에는 양복을 입은 사람들의 모습을 흔하게 볼 수 있었다.

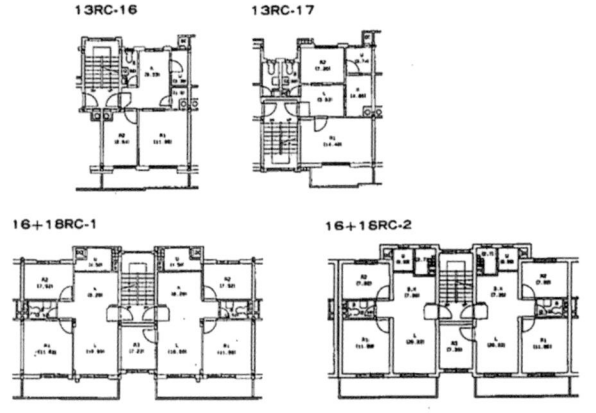

효자주공3단지와 비슷한 시기에 지어진 우아주공아파트 평면도
주택건설총람 1981-1982

 한편, 2010년대에 들어서 전북도청과 공공기관의 이전, 혁신도시 조성 등 전주시 외곽 위주 개발이 진행되었다. 이 개발의 결과로 신시가지, 만성지구, 에코시티, 효천지구가 생겨나며 인구와 도시의 주요 기능이 자연스레 이전되었다. 이로 인해 효자동을 비롯한 도심부의 공동화와 기능 축소 현상, 도심 쇠퇴 문제가 심화하였다.

이런 상황 속에 내부적으로는 공무원 아파트의 이전, 효자주공 재건축 이슈와 맞물려 기존에 있던 사람들도 집을 팔고 이사를 가는 일이 왕왕 발생했고, 30년 가까이 되는 노후한 아파트에 들어오려고 하는 신규 입주자들은 더더욱 없었다. 젊은 부부들과 아이들이 떠나가자 유치원이 사라졌고 놀이터도, 목욕탕도 더 이상 수리할 필요가 없어졌다. 그렇게 주민들의 자랑이었던 효자주공3단지는 과거의 화려함을 뒤로하고 사람들의 기억 속에서 잊혀 갔다. 현재는 전체 가구 중 60% 정도만 거주하고 있으며 이마저도 노인 세대 가구와 일용직 노동자, 외국인들이 주를 이루고 있다.

효자주공3단지의 이름에서도 알 수 있듯이 그 이전에 1단지, 2단지가 존재했다. 이들은 3단지보다 앞선 1976년, 1978년에 지어졌으며, 1단지는 2002년에 '효자대림아파트'로, 2단지는 2006년에 '효자한신휴플러스'로 재건축되었다.

효자주공3단지도 2011년, 전주시 정비 구역으로 지정되면서 재건축을 본격적으로 추진했으나 이후 조합원 간 분쟁, 전주시 조정 대상 지역 지정으로 인한 다물권자 갈등, 상가 매입 어려움 등으로 지연을 겪었다. 2023년 6월 재건축 정비 사업 시행 인가 통지를 받으면서 조만간 이주와 철거를 앞두고 있다. 빠르면 2025년부터 이주 예정이라고 하니, 2011년부터 시작된 여정이 약 15년이 지나서야 비로소 시작점을 넘은 것이다. 재건축될 아파트는 2,053세대의 대규모 단지로 조성될 예정이다. 효자주공은 현재까지 남아 있는 단지형 아파트 중 전주에서 가장 오래된 곳으로, 곧 기억 속으로 사라질 날이 머지않았다.

효자주공 재건축 조감도, 효자주공 재건축 조합 제공

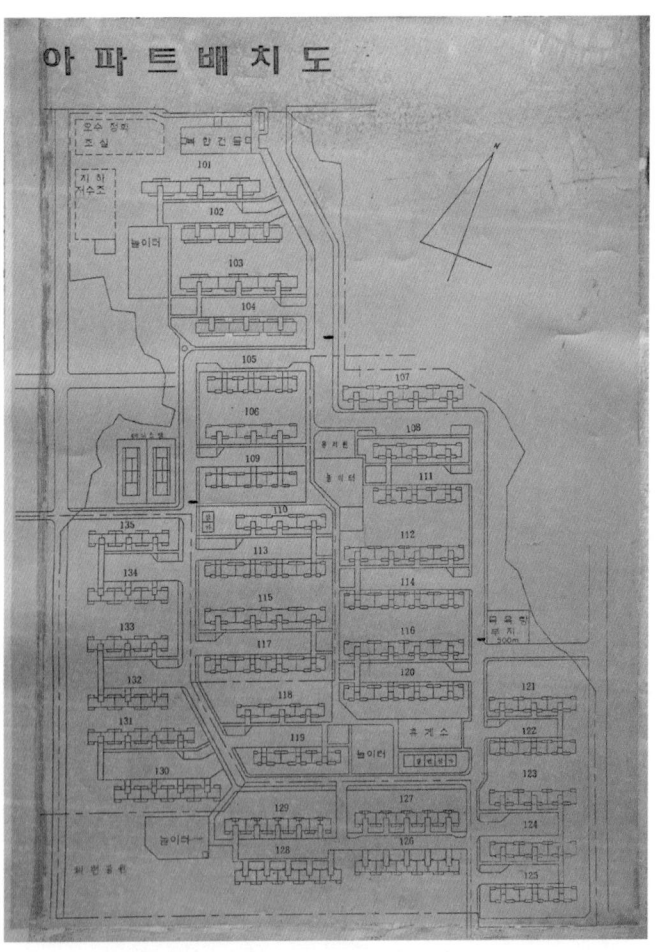

효자주공3단지 배치도, 효자주공관리사무소 제공

명칭	효자주공3단지 아파트
위치	전주시 완산구 효자동1가 133번지 일원
총 세대	1,230세대
사업 승인 일자	1983. 06. 25.
준공 일자	1984. 10. 15.
아파트 유형	계단식 5층 아파트, 35개동
상가	1,568㎡(475평), 25세대
놀이터	4개, 3,795㎡(1,148평)
체육시설	정구장 2면, 체련공원 2,3235㎡(700평)
관리사무소	132㎡(40평)
노인정	159㎡(48평)
평형	13평, 14평, 15평, 16평, 19평, 22평, 25평

효자주공3단지의 시간

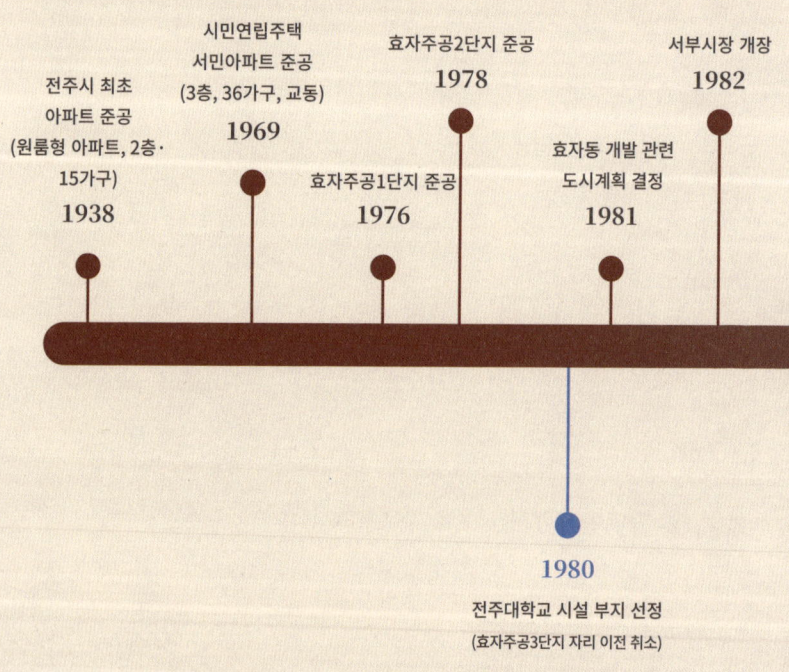

전주시 최초 아파트 준공
(원룸형 아파트, 2층·15가구)
1938

시민연립주택 서민아파트 준공
(3층, 36가구, 교동)
1969

효자주공1단지 준공
1976

효자주공2단지 준공
1978

효자동 개발 관련 도시계획 결정
1981

서부시장 개장
1982

1980
전주대학교 시설 부지 선정
(효자주공3단지 자리 이전 취소)

1938

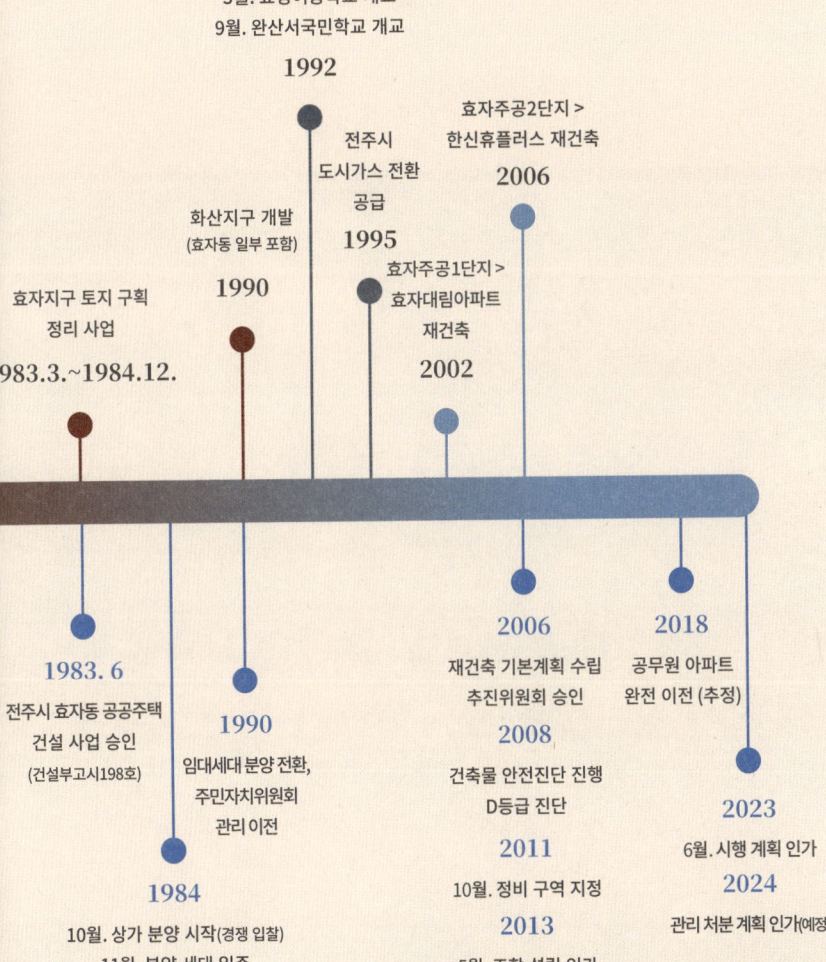

효자주공3단지 이야기 지도   ● 과거   ○ 현재

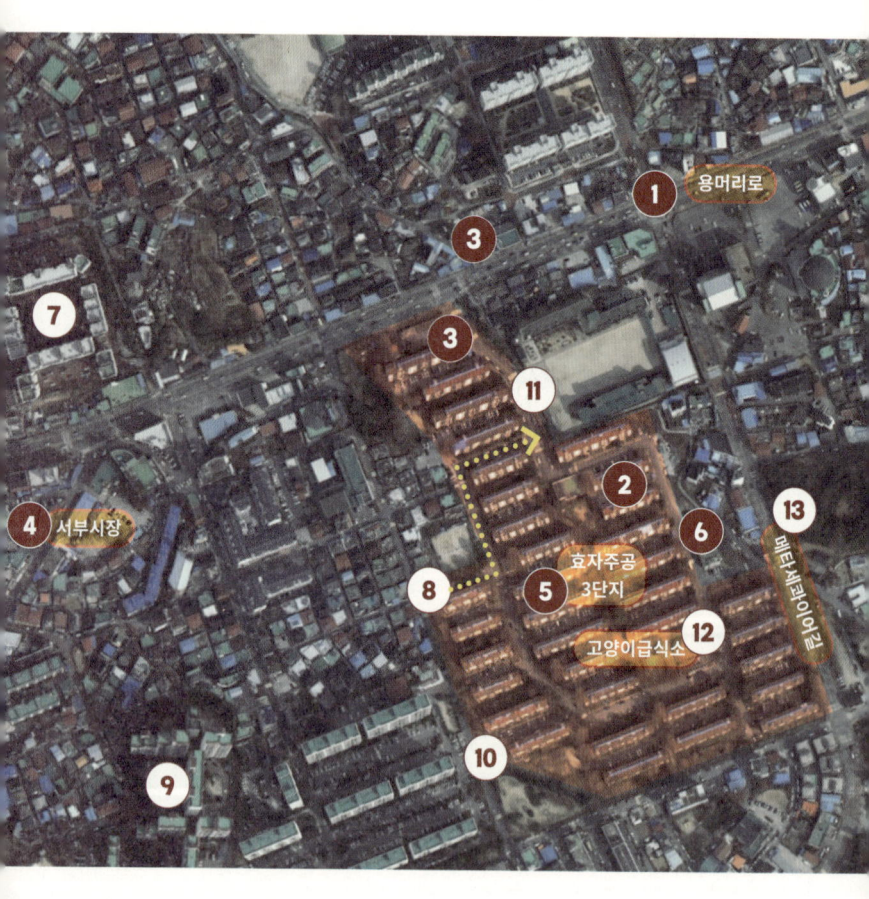

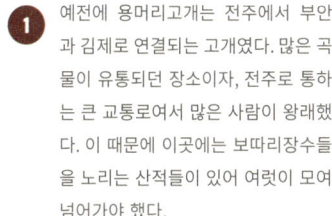

1. 예전에 용머리고개는 전주에서 부안과 김제로 연결되는 고개였다. 많은 곡물이 유통되던 장소이자, 전주로 통하는 큰 교통로여서 많은 사람이 왕래했다. 이 때문에 이곳에는 보따리장수들을 노리는 산적들이 있어 여럿이 모여 넘어가야 했다.

2. 공무원 아파트가 있었던 자리. 덕분에 똑똑하고 잘나가는 사람들이 사는 곳이라는 이미지가 생기기도. 지금은 비어 있다.

3. 아파트 상가에 미술 학원과 피아노 학원, 속셈 학원이 있었다. 단지 내 웬만한 아이들은 물론, 근처에 사는 아이들이 상가 내 학원에 다녔다. 맞은편 상가는 빵집, 제과점, 신발가게, 고깃집, 수입품 가게 등 다양한 업종이 있었는데, 마치 '미원탑 사거리'처럼 사람들이 바글바글 모였고, 장사도 매우 잘 됐다고 한다. 2000년대 들어서면서부터 분위기가 변하기 시작했다.

4. 서부시장 자리에는 붉은 벽돌공장이 있었다. 공장 이전 후 철거되어 서부시장과 서부연립이 생겼다.

완산칠봉

5. 효자주공3단지 일대는 미나리꽝(밭), 야산, 임야였는데 산을 깎아서 효자주공3단지를 지었다.

6. 목욕탕에는 늘 사람이 바글바글했다. 근처에 사는 사람들도 이곳을 이용했다. 목욕을 끝내고 아파트 놀이터에서 놀고 가는 게 루틴이었다.

7. 1978년에 지어진 효자주공2단지는 이후 한신휴플러스로 재건축되었다.

8. 주변 초등학생들이 학교에 가기 위해 효자주공3단지를 가로질러 가는 경우가 많은데, 아이들의 안전을 위해 관리사무소에서 매일 8-9시 사이에 차량을 통제하는 구간. 정작 효자주공에는 아이들이 많이 없다.

9. 1976년에 지어진 효자1단지는 이후 대림아파트로 재건축되었다.

10. 아파트 단지 외곽을 따라 나 있는 오솔길은 효자주공 주민뿐만 아니라 인근 주민들이 애용하는 산책로.

11. 봄이 되면 생기는 벚꽃길은 단연 주민들의 사진 명소. 아마 이곳을 그냥 지나칠 수 있는 사람은 없을 듯하다.

12. 버드나무 한 그루가 오래도록 이 자리를 지키고 있다. 예전 이곳에 물이 흘렀다는 증거. 실제로 작은 천이 있었다 한다.

13. 멀리서 보면 마치 메타세쿼이아 가로수가 펼쳐진 것처럼 보이지만, 사실은 단지 외곽에 심겨 있다는 사실! 이런 식재 방식은 소음 차단에도 효과가 있다고 한다.

14. 완산칠봉은 효자주공3단지 주민들이 가장 좋아하는 산책코스.

효자 시절, 그때 그 사람들

한 시절을 기억하는 방법은 여러 가지가 있다. 효자주공3단지를 거쳐 간 시기도, 사연도 제각각 다르지만 효자동과 3단지를 추억하는 그때 그 사람들을 만나 이야기 나눴다.

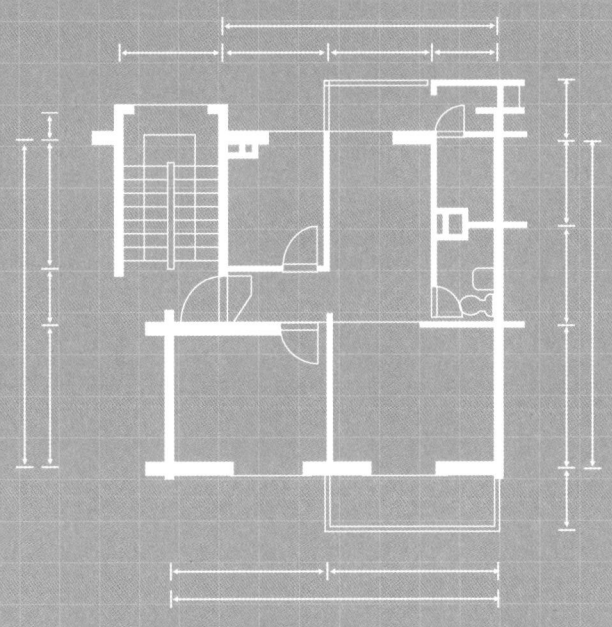

우리가 살아온 흔적

김영숙 | 거주 기간 1984년 - 현재

조영현 | 거주 기간 1992년 - 현재

안명옥 | 거주 기간 1995년 - 현재

임실 관촌에서 살다가 아이들 교육을 목적으로 전주로 이사 온 김영숙님과 조영현 님, 안명옥 님은 30년이 넘는 이웃사촌이다.

이웃사촌이라는 말이 생경한 요즘, 40년을 한동네, 한 아파트에서 살며 가족처럼 지내는 이들이 있다. 둘러앉으면 어깨가 부딪힐 정도로 작은 공간이지만 당연하듯 사람들에게 내어주고 빵 한 조각, 포도 한 송이도 나누어 먹는 이들은 효자주공3단지의 이웃들이다. 아이들을 모두 키워내고 혼자 지내기 심심하던 차에, 영숙은 12년 전 아파트 앞 손바닥만 한 상가를 얻어 김밥을 말기 시작했다. 금세 소문이 퍼져 멀리서도 단골이 생길 만큼 맛이 좋지만, 그보다 가게를 나가는 이유는 매일같이 들르는 이웃과 친구들 때문이다. 30년 지기 교회 친구부터 40년 지기 이웃까지. 비슷한 시기에 아이를 키워내고 살림을 챙기는 과정에서 보낸 긴 시간만큼 사이가 돈독해졌다. 영숙과 그의 이웃들을 만나 이야기를 함께 나누었다.

이야기 듣기 전에, 저희 사진부터 찍으면 어떨까요? 어머님들 좋아하시는 장소 알려주세요.

명옥: 우리 그럼 저기(아파트 입구 쪽의 큰 나무를 가리키며) 나무 아래 가서 찍자고. 여기에 앉아서 찍으면 더 이뻐. 진짜 이런 아파트가 없어.

영숙과 영현: 없지, 없어.

명옥: 5월에는 여기 등나무가 얼마나 예쁜지 몰라. (손끝으로 가리키며) 여기, 여기서부터 숲길이에요. 벚꽃길인데 그렇게 좋아요.

**이야기를 이어가다 잠시 꽃나무 앞에 멈춰 서서 사진을 찍는 명옥.
꽃봉오리를 향해 카메라를 켜더니 화면을 확대하며 찍는다.**

무슨 사진 찍으시는 거예요?

명옥: 이거 무궁화잖아. 이런 하얀 무궁화 발견하기 어려워요. 여기 나무들이 좋은 게 많아요. 어찌 그러냐, 했더니 84년도에 조경할 때 좋은 나무들을 갖다가 심었어. 곳곳에 단풍 있지, 능소화 있지. 계절마다 얼마나 멋있어요. 다른 아파트하고 달라요, 달라. 나무 종자가 다 좋다고.

단지 내 산책길을 함께 걸으며 명옥은 가을 단풍이 얼마나 아름답고, 아파트 내 조경이 얼마나 멋스럽게 꾸려졌는지 이야기를 이어간다.

명옥: 우리 아파트에는 한국 단풍 종류가 이렇게나 많아. 잎이 다섯 갈래로 펼쳐진 게 한국 단풍이고, 가운데가 세 개로 된 건 중국 단풍이야. 대부분 가보면 세 개짜리야. 이런 것도 알아두면 더 좋아.

네, 그것도 책에 꼭 쓸게요.

명옥: 아유, 정말 이 나무들 아까워서 어째…. 그냥 잘 정리하고 리모델링하면 좋을 텐데.

매일매일 아파트 산책을 하는 명옥은 걸음을 옮길 때마다 울창한 나무들이 눈에 밟힌다.

요즘 명옥의 산책 코스는 101동에서 시작해 완산서초 운동장을 한 바퀴 돌고, 벚꽃 나무 오솔길을 거쳐 끄트머리에 있는 공원 쪽으로 크게 한 바퀴 도는 것이다. 다시 101동 쪽으로 걸어와 학교 운동장이나 단지 내 놀이터 그네를 타며 그날의 산책을 마무리한다.

명옥: 내가 저녁에 6시쯤 되면 운동장으로 나가거든. 하루에 한 6천 보 정도 걸어. 우리 딸이 앱을 깔아줬거든? 오늘 같은 날은 2,300보 걸었다고 뜨잖아. 그럼 운동장 가서 4천 보 정도 채워야 해. 그러고 나면 그네가 마무리야. 우리 아파트에서 놀이터가 네 군덴가 있죠?

영숙: 나는 그 뒤로는(아이들 큰 이후로는) 가본 적이 없어. 우리 앞 동인데도 나는 여기를 통 안 와봤네.

명옥: 내가 인터뷰한다고 해서, 산책하는 길에 놀이터가 몇 갠지 한 번 세어봤잖아.

영숙: 여기 미끄럼틀이 없어져 버렸구먼.

영현: 옛날에는 애들이 있어도, 지금은 없어서 글치.

영숙: 옛날이야 뭐 애들이 바글바글했지. 놀이터에서 놀기도 많이 놀고.

영숙과 영현, 명옥은 입주 시기는 달라도 효자주공3단지에 살면서 아이들을 다 키워냈다. 산책로는 아이들 손을 잡고 걷던 길이고, 따뜻한 바람 일렁이는 계절에는 온 가족이 나와 벚꽃 구경을 했다. 90년대까지만 해도 아파트 안의 아이들이 쏟아져 나와 단지 내 놀이터며, 주차장 할 것 없이 뛰어놀았고 엄마들은 현관 계단이나 놀이터 의자에 앉아 아이들을 지켜보며 수다를 떨던 때였다.

영숙이 운영하는 김밥집으로 가기 전, 명옥은 101동으로 우리를 안내했다. 101동 앞 작은 화단 공간에서 명옥의 취향으로 꾸민 작은 정원을 만날 수 있었다

사진 촬영을 마치고, 본격적으로 이야기를 듣기 위해 영숙의 가게인 '김밥 이야기'에 다 함께 둘러앉았다. 영숙은 12년 전 단지 앞 상가에 자리를 얻어 김밥을 팔기 시작했다. 세 평도 안 되는 아주 작은 공간이지만 그 안에 주방 기구며 테이블, 의자와 살림살이 들이 정갈하게 들어차 있다. 좁은 공간이기에 어깨를 서로 포개며 앉아야 한다. 손님들은 모두 포장만 가능하다. 하나뿐인 테이블은 사실 영숙과 친구들의 몫이다. 우리가 사진을 찍으러 나가 있는 동안 가게를 지키던 덕자가 말했다.

덕자: 영숙이가 갖고 온 저거 봐봐.

영숙은 오늘을 위해서 효자주공3단지에서 살았던 지난날들을 떠올리며 무언갈 준비했다.

덕자: 여그 좋단 소리만 썼어, 여그 좋단 소리만.

명옥: 아유, 여기 좋으니까 좋다 하지. 한번 읽어봐.

덕자: 잘 썼어.

영숙: 내가 한번 읽어볼까?

다 같이: 읽어봐 얼른.

영숙: 80년대에 바로 입주하여 효자주공3단지의 좋은 환경에서 어린 자녀들을 교육시키고 성장하기까지 참으로 많은 추억이 남아 있는 아파트입니다. 멋있는 조경과 편리한 입지 조건은 살아가는 데 불편함 없는 시간을 선사하였고 좋은 교육 환경을 제공해 주었습니다.

짧은 글 안에서 영숙의 지난 삶이 보이는 듯하다. 아이들 교육을 위해서 관촌에서 효자주공3단지로 이주한 그녀. 편리한 교통과 인프라가 자랑이던 효자주공3단지. 멋진 조경과 울창한 나무 사이로 등하교를 하던 아이들, 그 모습을 따뜻하게 바라보는 영숙.

영현: 이대로만 쓰면 되겠어.

명옥: 인터뷰 안 한다고 하더니, 왜 이렇게 잘 썼데. 옷도 오늘 이렇게 예쁘게, 화장도 예쁘게 하고.

덕자: 이것이나 먹어봐 얼른.

갑자기 덕자는 상자 안에서 롤케이크를 꺼내 보인다. 그렇게 시작된 간식 시간. 마침 지나가던 이웃 가게 '전기안전수리' 사장인 연님도 자리에 합류했다.

연님: 아니 그때도 한 번 와서 인터뷰해달라고 하지 않았어?

명옥: (영숙을 턱 끝으로 가리키며) 인터뷰 안 했더라면 서운할 뻔했어.

연님: 사진 찍은 거 여기다 (가게 안에) 걸어 놓는 거야?

명옥: 이게 지금은 웃으면서 하지만, 한 50년 후에는 굉장히 중요한 기록이야. 전라감영 있잖아. 그 안에 들어가면 옛날 사진이 쭉 전시되어 있어요. 우리 아파트도 이제 그럴 수 있는 자료가 생기는 거야.

연님: 그러면 나도 우리 전기안전수리 써줄 수 있어?

덕자: 여기는 아파트 짓기 전부터 왔었어요.

연님: 나는 짓기 전부터 왔어. 딱 이사 오니까 아파트 3층 올라가고 있었어. 그때가 83년도. 여기서 뭔 일 있으면 나한테만 물어봐. 누가 돌아가셨는가, 어쨌는가. 그걸 내가 다 알지. 여기는 원래 '풍원식품'이라는 데가 있었어. 지금 '강남 스타일' 자리가 말하자면 슈퍼, 구멍가게 같은 거지.

덕자: 타임캡슐이네, 타임캡슐이야.

연님: 그때만 해도 여가 엄-청 '미원탑 사거리'같이 부잣집만 살았어. 막 퇴근 시간이면 사람이 말도 못하게 많고 바글바글했지. 아주 활성화가 됐었어. 수입품 파는 곳도 있었고, 제과점도 있었고, 신발 가게, 거기 물건이 참 좋았어. 그러다가 한 30년 뒤에, 그때부터 변했지.

영숙: 나는 1등으로 입주했잖아. 84년 12월 13일에 왔는데 내가 1번이었어. 집이 전부 다 째깐하잖아. 집이 19평, 13평하니까 싱크대도 하나짜리여. 두 개짜리로 바꿔놓은 집이 우리 집이여.

연님: 옛날엔 장사도 잘 되고 상가도 엄청 잘됐지. 고깃집 잘됐지, 식품점 잘됐지, 약국 잘 됐지.

덕자: 자네는! 자네도 잘됐잖아.

연님: 아, 우리도 잘 됐지. 산더미처럼 등을 갖다 놓고 팔아 갖고, 3단지가 다 등을 달게 되있었어.

영숙: 나는 그때 달았던 거 인자 떼었어.

연님: 그때 이 언니는 부자다, 해갖고 '학 등'을 달았어. 지금도 갖고 있대, 학 등.

'학 등'은 말 그대로 학이 그려져 있는 등이다. 영숙에 따르면 그 시대 부잣집에서는 학이 그려진 등이며 커튼을 하는 게 유행이었다고 한다.

잠시 가게에 갔다가 돌아온 연님의 손에 깨끗이 씻어 온 포도가 들려있다.

연님: 이거 특수 포도야, 먹어보라고. 나는 포도를 안 좋아해서… 하이튼 간에 내가 제일 오래됐어.

연님이 가져온 포도를 먹으려는 찰나, 창밖에 권사님이라 불리는 이웃이 지나간다.

덕자: 저기 권사님! 여기 와 봐. 앉아서 빵이랑 포도 먹고 가!

연님: 저기 미용실 갔더니 할머니가 미용하고 있어서, 빵이랑 하나 주고 왔네.

덕자: (연님을 가리키며) 우리가 신촌주택 이웃이야.

연님: 우리가 앞집.

덕자: 우리가 뒷집. 그때 부자 동네인 줄 알고 도둑놈들이 거창했어.

연님: 신촌주택 살 때 우리가 물 관리를 했어. 지하수. 그래갖고 나는 거기서 별명이 '관리 각시'. 114에 27호, 거기 앞에 물탱크가 있었어요. 우리가 다 조정을 했지.

덕자: 우리 있을 때 특수관을 놨잖아. 십몇만 원씩 주고.

연님: 지금은 더 좋아졌어.

덕자: 근데 지금 가서 보니까 왜 이렇게 길이 작아요. 그 당시에는 큰길이었다고 생각했는데.

영숙: 난 한 번 떠나오면 가기가 싫어

덕자: 아니, 나는 추억의 길이여. 일부러 그 길로 가서 이렇게 한 번 보고 가.

연님: 옛날 생각 나?

덕자: 처음에 한 3, 4년 동안은 안 떠난 것 같더라고. 꼭 우리 집 같아. 근데 이제는 낯설어.

연님: 우리도 신촌주택 살았는데 애들은 아파트 학원 보냈잖아. 피아노 학원이랑 미술 학원 있었는데, 우리 애기 여기 (효자주공3단지) 피아노 학원 다녔었어.

영숙: 주산 학원도 있었지.

연님: 우리 애기 4살 때 다녔어, 거기를. 여기가 초등학교랑 중학교가 같이 있다는 게 장점이잖아요. 웬만한 애들은 저기 학원을 다 다녔어. 놀이터도 많이 다녔지. 목욕탕 가서 목욕하고. 집에 가는 길에 꼭 저기를 타야 해, 미끄럼틀.

덕자: 나도 살면서 이리 목욕 다녔어. 우리 애기가 여기 유치원 1기잖아. 우리 아들이 지금 마흔네 살인데 걔가 7살 때니까. 가만 보자, 그게 언제냐…

명옥: 이게 우리가 살아온 역사의 흔적이 그대로 나타나요.

덕자: 그니까. 참, 이게 (이야기 나누는 게) 타임캡슐이다.

명옥: 지금은 뭐 '(아파트를) 짓네, 안 짓네' 하면서도 일단 허물기 시작하면 금방 순식간에 사라지겠지.

한참을 아이들 어렸을 때 보냈던 학원 이야기를 나누다, 자연스럽게 효자주공3단지 재건축으로 화제가 옮겨졌다. 명옥이 던진 말에 모두 하던 이야기를 잠시 멈추고 생각에 잠긴 듯 했다.

연님: 벚꽃 철 되면 참 기가 막혔는데.

영숙: 나는 그냥 빨리 이사 갔으면 좋겠어.

명옥: 아이고, 세월의 무상함을 느끼네.

영현: 애들이랑 보냈던 추억은 좋은데 이제 너무 낙후되다 보니까 아쉽지.

명옥: 나무를 적당히 살려서 리모델링을 했으면 하는 게 개인적인 의견이지만, 다수의 의견은 재건축을 바라니까 그 기류를 따라가야지. 그러면서 이제 세월이 무상함을 느끼고…. 이제 내가 할 수 있는 건 기도뿐이다, 이런 생각이야.

무엇을 기도하느냐는 말에 명옥은 이제 그만 싸우고 잘 협력해서, 선을 이루어 아름답고 살기 좋은 곳이 되었으면 좋겠다는 말을 덧붙였다.

영숙: 인자 앞으로 더 좋은 공간으로 되겠지.

명옥: 내가 여기 와서 다시 살게 될지, 안 될지는 모르겠지만 그건 이제 하나님 소관이고, 그냥 나는 열심히 걸어야지. 구름도 보고, 꽃도 보고 나무도 보고 하면서. 글고 여기 김밥 사장님이 마음이 너그러워서 공짜로 잘 줘. 배고프면 오면 돼.

다 같이 배를 잡고 깔깔 웃는다.

덕자: 얘가 퍼주다가 장사를 못해. 하나 주면 둘, 셋이 들어오니까. 내가 볼 때는 그런 장사를 했어. 여기가 비록 작아도, 작은 데가 아니에요. 마음은 이렇게 크지. 가게만 작지, 마음은 이렇게 큰데.

명옥: 인터뷰도 안 한다고 하더니 이렇게 글도 써오고 화장도 하고. 안 하면 서운할 뻔했어.

4명에서 시작된 인터뷰가 두 시간 남짓 시간을 보내며 어느덧 7명으로 불어났다. 좁은 공간이라 불편할 법도 한데, 누구도 자리를 뜨지 않고 어깨를 포개가며 이야기를 이어갔다. 하는 일도, 아이들 학교도 모두 달랐지만, 동시대를 살며 효자주공3단지라는 공통점 하나로 묶인 이들이다. 아파트 상가에 딸린 학원에 아이들을 보내고, 주말이면 목욕탕에 들러 목욕하고, 집으로 돌아가기 전 놀이터에 들러 시간을 보냈던 곳. 아파트 단지를 따라 곳곳에 남아 있던 추억과 흔적들을 되새기고, 재건축으로 곧 사라질 효자주공3단지를 추억하며 오늘의 이야기를 마친다.

동네 장사의 매력

송정용(1958년생) | 거주 기간 1985 - 현재

효자주공3단지 상가를 분양받아 슈퍼를 운영하기
시작한 게 올해로 꼬박 40년째다.

효자주공3단지 안에는 아파트와 역사를 같이한 곳이 있다. '큰 들판'이라는 뜻의 '한들슈퍼'가 바로 그곳이다. 40년 세월 동안 눈이 오나 비가 오나 문을 열고, 장사가 잘되든 안 되든 찾아오는 사람들을 위해 약속한 시간에는 자리를 지켰다. 사장님은 단골들의 표정만 봐도 무슨 물건을 찾는지 단번에 아는 만큼 효자주공3단지에 대해서도 속속들이 꿰고 있다. 40년 세월 '원주민'이 들려주는 효자주공 이야기를 만나보자.

여기를 분양해서 왔어. 공개 입찰로 갖고. 어떤 사람이 입찰했었는데 앞에다가 농협 마트가 하나 생긴다고 그래갖고. 그러면 (장사가) 안 되겠다, 해서 이제 다시 판 거지. 85년도에 내가 들어왔지. 원래 내가 '코카콜라' 다녔었거든. 비슷한 계통이잖아. 그래서 한번 해보게 된 거지.

처음에 우리, 막말로 붕알만 차고 와 살았지. 아들들이랑 다 여기서, 여기서 딱 낳고 그랬지. 처음에는 여기 뒤쪽에 칸 막고 살았어. 우리 각시하고 나하고 둘이서. 큰애 낳고 거제에 있는 할머니, 할아버지한테 애 맡겨 놓고 우리 둘이서만 살았던 거야. 그러다가 장사도 되고, 돈 좀 모아서 아파트를 사게 된 거지.

그게 언제냐, IMF… 아니, IMF 그 전이구나. 원래 전세로 들어갔는데 집주인이 자기 동생한테 담보 잡혀서 부도나게 생겼다고. 나보고 전셋값을 못 주겠다고, 빨리 사라고 그러더라고. 그렇게 강제로 샀어요.

 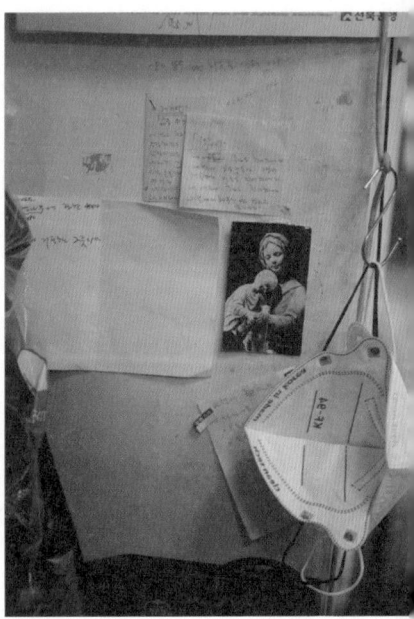

　80년대 그때만 해도 여기 근처에 서부시장도 없고 아무것도 없었잖아. 여기가 원래 이쪽이 공동묘지. 이쪽 135동은 미나리깡(*미나리밭의 사투리). 저 위에 '금호아파트' 있는 데는 길도 안 났었지. 전체가 산이었어. 그 산을 이렇게 지금 깎아서 길을 만든 거야. 금호아파트 뒤에는 이제 배나무 밭. 그것 말곤 아무것도 없었어. 허허벌판에다가 아파트를 진 거지.

　저쪽에 아파트 봐봐, 이렇게 베란다 쪽에. 거기 쇠가 이렇게 박혀 있잖아. 미나리깡이라 물렁해갖고 이렇게 쇠로 박아놨잖아. 기둥을 세워놨어.

　여기가 처음엔 연탄보일러였어. 저기 보이지? 아파트 바닥 밑에 보면 움푹 파졌잖아. 거기가 연탄 버리던 곳이야. 집집마다 연결되어 있어서 밑으로 툭 떨어져. 그래, 연탄 버리던 곳. 그러고 나서 90년대에나 도시가스로 갔지. 내가 여기 원주민이잖아. 그러니까 다 알지.

　이 아파트가 참 잘 지어졌어. 여기가 전두환 시절 시범 단지로 처음 지은 거예요. 그런게 나무도 많이 심고 시멘트도 제대로 집어넣고 40년 돼도 뭐 하나 갈라진 거 하나 없잖아. 원래는 저 전주대학교가 이리 올라 그랬어. 근데 여기 땅값이 비싸 더 먼 데로 간 거지.

그때만 해도 용머리고개에서 남부시장으로, 그 보따리 장사들 있잖아? 도둑놈 나타나고 산적 나타나고 돈 뺏어간다고 뭉쳐서 이렇게 용머리고개 넘어오고 막 그럴 때야. 재밌는 일 많이 있었지.

장사 한창 잘되던 때? 잘사는 사람들이 사르르 있었을 때지. 아파트 짓고 85년에서 90 몇 년, 그 사이. 장사 참 잘됐지. 그때만 해도 서부시장이 활발하진 않았어. 그래갖고 여기 학교 체육대회나 소풍 날이면 우리 슈퍼 앞에서 막 시금치 벌려놓고 팔고 그랬어. 전부 다 도시락 싸가니까. 세대수가 많은 게 장사 잘됐지. 최고 잘되는 것은 40~50세 사이에 아기들 두셋 있는 집. 그런 집이 소비가 최고 강한 거야. 할머니 혼자 있는 데는 두부 하나만 사 가지.

여기가 뭐가 있냐면은, 산이고 숲이야. 이렇게 공기가 좋고 하잖아. 딴 데로 (이사) 나간 사람들은 그래도 여기가 고향처럼 느껴지는 게 있는가 봐. 내가 태어난 곳처럼.

그래서 가끔 한 번씩 와. 직장이나 이사 가서 딴 데 살더라도 여기 가끔 와. 자기가 성장했던 곳이라 생각나는가 봐. 와서 나보고 '아저씨 지금까지 있어요?' 막 그래. 저는 이렇게 알아도 나는 잘 몰라. 어릴 때 막 왔다 갔다가 하면서 날 봤던 걸 기억하는 것 같아. 그래도 가만히 쳐다보면 그 얼굴이 기억나지. 여자애들도 시집가서 애기들이랑 같이 오고. 동네 장사가 그래요. 대게 오면 저 사람 뭐 하러 오는 사람인지 다 안다니까. 막말로 이마트에서 '좀 이따 돈 갖다줄게, 콜라 한 병만 줘' 할 수 있어? 못하지. 그게 동네 장사 매력이야.

아까 물 사러 온 갸는 택배. 맨날 와서 우유하고 빵만 먹어. 밥 사 먹으라고 해도 시간이 없어서 못 먹는대. 오늘은 속이 안 좋다고 물만 사 가대. 배를 든든히 하고 일을 해야지 젊은 사람이 어쩌려고 그러나 몰라.

재건축 이야기는 한 13년 전부터 있었던 것 같애. 그때부터 차근차근 쭉 가지지. 무슨 말인지 알겠지? 하루아침에 다 세상이 변한 것이 아니라 이제 차근차근. 그렇게 변해가. 사람들도 마찬가지야. 1, 2년 살다가 간 사람들도 있고 막 바뀌지. 그런 사람들이 많아.

재건축하고 나서는? 몰라. 이제 그때는 내가 딴 데 나가서 살 거야. 이다음에도 계속 슈퍼 할 거냐고? 나이가 70 넘어서 못 해, 이제. 우리 아들놈 저-쪽 아파트에서 혼자 살거든, 거기나 갈까 해.

사장님은 40년 세월을 뒤로 곧 떠날 사람처럼 무신경해 보이는 말과 표정으로 이야기를 이어 나갔지만, 효자주공3단지와 관련된 말과 단어에는 자부심과 힘이 느껴졌다. 재건축 이후의 계획을 물으니 잠시 생각에 잠긴 듯 속을 알 수 없어 보이기도 했다. 효자주공3단지에서 자리를 잡고 살림을 일궈나간 시간이 너무나 당연한 일상이기에, 그것들이 사라지는 것을 가늠하기 어려워 그럴지도 모르겠다.

제2의 고향 같은 곳

장근하(1955년생) | 거주 기간 1995 - 현재

주택공사에 입사 후 '신촌주택'에 살다가 효자주공3단지로 이사 했다.
아들은 독립했고 아내와 두 딸과 함께 살고 있다.

인사와 함께 곧바로 명함과 A4용지에 직접 펜으로 쓰신 자료, 효자 주공3단지에서 발간한 자체 회보 그리고 당시 가족들과 찍은 사진을 보여주셨다.

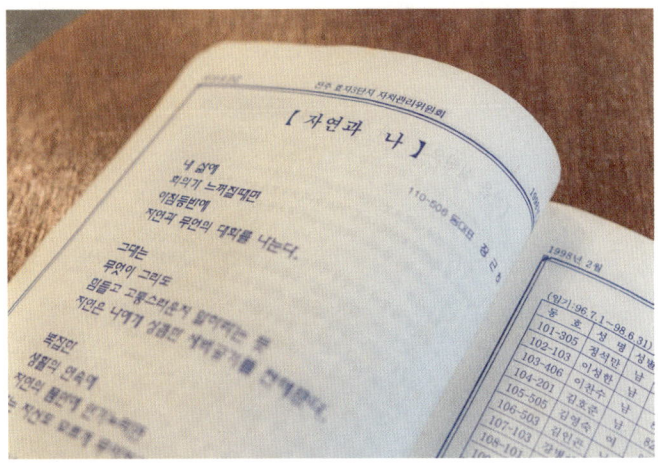

이사 오시기 전 어디서 사셨어요?

시골 살았지, 뭐. 객지 생활을 좀 했지. 여기저기. 고향은 저기 김제 금구. 입사하고 나서 여기로 오게 된 거예요, 95년도에. 주택공사에 83년 11월에 입사해서 2014년 12월에 퇴직했지.

95년도에 어떻게 이사를 오시게 되셨어요?

그때 이제 나도 주택공사 다니고 있고 '신촌주택(현 신일교회 근처)' 있는 곳에 살았는데, 결혼해서 애들 키우다 보니까 집을 마련해야 할 거 아니에요. 나도 청약 저축을 열심히 들었어. 들었는데…. 이제 평화주공 5단지인가, 분양할 때 주택공사 직원임에도 불구하고 신청했는데 떨어졌어요. 왜 떨어졌나? 떨어진 이유가 청약 저축이 그때 당시에는 2만 원에서 5만 원, 10만 원 사이에 넣어야 하는 데 10만 원씩 24개월 넣은 사람한테 밀리는 거야, 액수에서. 그래서 떨어진 기억이 있어요. 그래서 자존심도 상하고. 에라! 분양받으면 뭐 하냐, 효자3단지 한번 사보자, 했지. 내가 신촌주택에 살아보니까 위치도 좋고 그래서 산 거야.

'평화주공'은 신축 분양할 때 넣으셨다가 경쟁률이 높으니까 떨어지셨군요. 이곳(효자주공3단지)에 들어오셨을 때 분위기는 어땠나요?

안쪽에 있으니까 단지는 조용하고 좋죠. 차량 다니는 도로변도 아니고…. 그다음에 쾌적하잖아요. 단지가 넓고 5층짜리니까 힐링하는 공간이 많이 있었어요. 3단지 뒤 지금 '금호타운'이랑 '금호 청솔아파트'도 산이었어요. 여기 효정중학교, 완산서초등학교 자리도 산이었어요. 어느 날 우리가 몇 년도인지는 모르겠지만 효정중학교 자리에 불이 나서 불 끄러 간 기억도 있고….

당시 효자주공3단지 아파트 경쟁률 기사를 못 찾았어요. 상가 경쟁률은 어마어마했다는 기사는 봤는데요. 임대 경쟁률이라든지 아니면 분양은 무조건 선착순인지 궁금합니다.

분양은 어차피 분양가가 있어서 돈 있는 사람들이 했겠죠. 빠른 사람은 프리미엄 받고 팔고도 나갔겠지만, 임대 같은 경우는 이제 남의 셋방 사는 것보다 임대로 사는 게 훨씬 나으니까. 지금은 청약 저축 문화가 더 많이 알려졌지만, 그때는 주택공사 직원이 아니면 잘 몰랐어요.

그 시기에 이제 삼천동 1, 2, 3단지가 생긴 거예요. '세창짜임아파트'가 1단지, '이안삼천아파트'가 2단지, 그 앞 3단지는 지금도 5층짜리 500세대가 남아 있어요. 그때는 가족 계획에 따라 자녀가 적은 사람 점수를 많이 줬어. 그래서 남자들은 이제 정관 수술한 사람이라 하면 우선 입주를 시킨다든지. 지금과는 완전 반대 시절이지.

그때에도 청약 통장으로 임대 방식을 진행했던 건가요?

청약 저축 가입자가 가산점이 있었지.

그 당시에는 청약 통장 가입자가 많이 없었을 것 같은데. 그렇다면 전주에 있는 많은 아파트를 담당하셨겠어요. 그러면 효자주공의 경우는 왜 전체가 아니라 10개동만 진행한 건가요?

그때는 내가 여기 담당은 아니었어요. 이제 그건 주택공사에서 본사 방침에 의해 분양 세대, 공무원 세대, 임대 세대의 혼합으로 지었겠죠. 지금은 혼합이 거의 없다고 보면 됩니다.

아파트가 지어지기 전에 기억나는 효자동 모습이 있으실까요?

효자동 모습은…. 이 근방은 아파트가 없었죠. 지금 바울교회 옆에 있는 안행로도 없을 때니까.

지금은 다 도시가스 쓰지만 그 시절의 아파트는 연탄보일러가 있었는데요.

그때는 아파트 구성이 관리소장 밑에 여직원 경리가 둘이 있었고, 설비 기사가 7명, 경비가 6명 그다음에 별도로 또 미화원이 있었어요. 미화원 세 분 있는데 그 외에도 '진개수거원'이라고 또 있었어.

징..징개요? (풀잎, 채람, 소영이 못 알아듣는 표정으로 있기에)

'진개'. 니은이에요. 니은. '멍멍이' 할 때 개. 진개수거원을 한번 인터넷에 검색해 봐요.

아파트가 연탄보일러니까 5층에서부터 밑에까지 버리는 쓰레기 투입구가 있었어. 거기로 툭 연탄을 떨어뜨리는 거야. 그걸 퍼내는 게 진개수거였어. 근데 거기에 연탄재만 버리는 게 아니고 온갖 쓰레기를 다 버리는 거예요. 당시에는 분리배출이 없었으니까. 종이 버리고 연탄재 버리고… 안 식은 연탄을 버리면 거기서 화재도 나고. 그래도 그 안에서 타니까 큰 화재 날 여지는 없지만, 근무자들이 순찰하다가 보면 꺼야 했지. 어쨌든 그런 것들을 퍼내는 역할을 한 게 진개수거원이었어요. 그분들은 직원이 아니고 시에서 청소하는 담당으로 나와요. 여기가 단지가 크니까 직원들이 한 스무 명 가까이 근무했지.

89년 이전까지는 주택공사에서 이분들도 다 관리했던 거죠?

관리비에서 인건비 나가고 건강검진, 체력 단련, 자녀 학자금 같은 것들은 주택공사에서 다 지원했죠. 7월 1일 주민자치회로 관리를 넘기면서 이제 주택공사가 아니라 주민자치회에서 고용했어요.

그럼 지금은 이제 사모님이랑 두 분이 지금 살고 계시는 거예요? 자녀들은 다 독립하고요? 지금 여기 효자에 같이 사시는 분들은?

막내딸 살아요. 큰딸도 살고. 아들만 저기 효자 LH 휴먼시아 아파트 로 독립하고.

지은 지 오래된 아파트라 계속해서 사시려면 리모델링 같은 것들도 필요했을 것 같은데요. 그런 부분들을 다 고쳐 가며 사신 건가요?

본인이 이제 알아서 하는 거지. 재건축 이야기가 거의 20년 가까이 됐을 거예요. 도색하려 해도 "재건축이 얼마 안 남았는데…" 하며 미루다 보니 이렇게 시일이 끌려서 안 한 거지.

갑자기 재건축 얘기 나와서 좀 여쭤보면 초반에는 여기 집값도 엄청 올라서 집들도 많이 팔고 나가셨다고 들었는데요. 집을 정리 안 하시고 계속 계시는 이유가 있으신 거예요?

우리는 솔직히 말씀드리면 주택을 재산으로 하는 그런 욕심이 없어요. 일단 재건축이 되든 안 되든 공기 좋고, 숲이 좋고. (재건축이) 되는 거면 되고 안 되면 안 되는 대로 사는 거지. 내가 사는 아파트지만 주변에서 그래요. "빨리 팔고 나가지, 시세 좋을 때 뭐 하고," 나 살기 편하면 되는 거지 뭐.

아무래도 재건축 이야기가 나오면서 주변에 이웃들도 많이 이사 가시고요…. 뒤쪽 상가는 많이 빠졌더라고요.

빠질 수밖에 없는 게, 주민들이 빠지니까 장사가 안 되잖아요. 상가에서도 솔직히 재건축하는데 지분을 많이 요구해서 재건축 조합하고 갈등이 많았지. 그래서 재건축을 반대하고. 조합원 가입하지 않고 보이콧하고 그랬죠.

90년대 얘기를 더 여쭤보고 싶은데요. 저희가 다른 분들께 들어보니 지금은 이제 이웃에 누가 사는지도 모르는데 그 시절에는 아파트에서 누가 상을 당하시면 같이 장례하는 문화도 있고, 아파트 공동체가 잘 갖춰져 있었다는 얘기를 들었거든요. 효자주공에도 그런 분위기가 있었나요?

그때는 공동체라기보다도 장례식장이 없을 때니까. 장례식장 문화가 생긴 지가 얼마 안 되니까. 장례식장 문화가 90년대 후반 2000년대 접어들면서 시작된 것 같아요.

아파트 앞이 넓으니까 텐트 쳐놓고 장례를 치르는 거지. 관리소 측에서도 누군가 상을 당하면 신경 안 쓸 수 있어요? 뭐, 도와줄 수 있으면 도와주는 거지. 공동체가 잘 돼서 그런 건 아닌 것 같고 그때는 그런 문화 시절이니까.

내가 어렸을 때 누가 동네에서 돌아가시면 서로 가서 상복도 지어주고, 계란 꾸러미도 갖다주고…. 지금은 그런 게 없잖아요. 그런 문화가 이어져 내려오다 보니까 이웃을 보고 무시할 수 없으니, 내 옆집 사람 조금도 신경 안 쓸 수 있나요? 써줘야지.

장례 문화 말고도 효자주공에서 주민들끼리 했던 것 중에 기억나는 것 있으실까요?

뭐, 특별히 한 행사는 없고 부녀회 주도로 단지 입구에서 바자회 같은 걸 한 적이 있어요. 그때는 단지가 크고 꽉 차서 살기 때문에 단지 입구에 잡상인도 많았어요. 관리소 직원들이 그걸 통제하느라 애를 좀 먹었죠.

여름에 수박 장사도 자동차로 들어오고, 어디 시골에서 오신 아주머니는 상추를 쭈그려 앉아 팔고, 복숭아 같은 것도 파는데 그런 분들을 어떻게 막 함부로 하기도 그렇잖아요. 도로변에 막 대놓고 하기도 해서 관리직원들하고 옥신각신 다투기도 하고.

오래전부터 동 대표를 하셨는데요. 동 대표를 해야겠다고 생각하셨던 이유가 있을까요?

동 대표는 초창기에 하다가 안 했어요. 나하고 같은 동에 사는 분이 동 대표로 나와서 내가 나오지 않았죠. 그러더니 나중에는 관리소 측에서 사람이 없다고 하니까 그래서 한 거지.

내가 솔직히 회장으로 나선 것은 당시 아파트 단지가 너무 슬럼화가 되고, 지저분하고, 환경이 엉망인 거예요. 그래서 그걸 개선해보자. 아무리 내일모레 재건축한다고 해도 방치하지 말고 환경 좀 신경 써보자, 해서 환경 분야는 많이 신경 썼어요.

그리고 저기 맨 뒤. 130동 뒤인가 그쪽에 공원이 있는데 거기에 외지 사람들이 많이 와요. 어디서 온갖 의자 같은 거 막 가져다 놓고 거기서 노는 거야. 그러고서 이거 안 치우는 거지. 과감히 없앴죠. 그대로 놔두면 안 된다. 공원에 벤치도 다 있는데 이걸 그냥 모르는 척하면 되겠냐. 환경 개선이 안 되잖아요. 너무 질문이 많네. 어려운 게.

하하. 이제는 너무 쉬운 질문을 드릴까 봐요. 그래도 말씀해 주시니까 이제 이해가 됐어요. 효자주공이 사람도 많이 안 살고 하는데도 거리가 너무 깨끗하거든요. 쓰레기 정리도 잘 되어 있고요.

1월이면 꼭 시무식을 한 번 해요. 직원들에게 "환경 자체가 환경이다. 환경만 깨끗하면 외부에서 와도 이미지가 좋고 그렇지 않냐." 테니스 코트도 테니스클럽 회장을 만나서 사용하게 하니까 방치하는 것보다 훨씬 낫지 않나 싶고. 부대시설은 외지인도 사용할 수 있게 개방하여 역동적인 느낌을 갖게 하지요.

효자주공3단지에 살면서 기억에 남는 일이 있으실까요?

솔직히 동 대표 하면서 다양한 일을 해봤지만, 초창기 예전 동 대표였던 이찬수, 정성만, 이준구 씨는 고인이 되었는데 그분들이 관리를 열정적으로 하셨던 게 기억이 많이 납니다.

집에서 제일 좋아하는 공간이나 시간이 언제쯤일지 궁금해요.

혼자 있는 안방이죠. 다른 방은 마나님이 계시고. 하하. 혼자 책 읽고 하는 시간이요. 제가 독서를 좀 해요. 지금은 『수호지』를 읽습니다.

효자주공에서 제일 좋아하는 장소 있으세요? 좋아하는 공간이 있으실 것 같아요.

다 좋죠. 이렇게 한 바퀴 도는 것도. 그래도 여러분이 기념사진 하나 찍어준다고 하시면 회의실 회장석에서 하나 찍었으면 좋겠다는 생각이 들어요.

회장석에서 따로 사진을 찍고 싶으신 이유가 있으세요?

기념으로 하나 남겨놓고 싶어. 회의 주재를 했던 장소이기 때문이야. 근데 들어가면 열악해.

혹시 재건축 이후의 계획은 어떻게 되시나요?

재건축 분양을 받아야죠. 근데 짓기 전에 또 다른 데로 한 번 (이사) 나갔다 와야 하는데 그게 쉽지 않잖아.

효자주공3단지는 어떤 의미인지 궁금해요. 진짜 마지막 질문이에요.

내가 95년도에 입주해서 지금 30년은 채 안 됐지만 이제 여기가 제2의 고향 같고. 내가 학교도 다양하게 다녔지. 초등학교는 금구로 다니고 중학교는 태인으로 다니고. 이제 30대에 입사해서 전주 와서 생활하다 보니까 여기서 훨씬 많이 살았어. 우리 애들한테는 고향이잖아. 답변이 제대로 됐어?

정답은 없어요. 그냥 선생님 말씀하시는 게 정답입니다. 오늘 너무 짧은 시간 동안 많은 질문을 쏟아냈는데 답변해 주셔서 감사합니다. 궁금한 것들을 다 물어보고 싶어서요. 하하.

평생을 다니던 직장 은퇴 후에도 효자동에서 여전히 자치회나 자원봉사를 하시며 일상을 보내시는 장근하 님과 나눈 대화는 내가 사는 곳에 대한 애정과 수고가 느껴졌다. 세월이 흘러 동네와 단지의 노후화가 눈으로 보일지라도 내가 사는 곳을 부지런히 정돈하며 산다는 것은 쉽지 않은 일이다.

장근하님 사진 제공

봄 되면 벚꽃이 환하게 피거든요

이종일(1960년생) | 거주 기간 1995 - 2015, 2018 - 현재

신혼 생활부터 두 자녀가 청년이 될 때까지 효자주공3단지에서 살았다. 아이들이 크면서 집을 옮겼다가 조합장을 맡으며 아내와 함께 3단지로 돌아왔다.

장수에서 태어난 이종일 님은 대학 시절 자취방을 얻어 지냈던 때부터 효자동과의 인연이 시작되었다. 대학 졸업 후 보안공사에 입사하여 서울 생활을 잠시 하다, 전주로 발령받고 결혼하여 효자주공3단지에서 신혼 생활을 시작하였다. IMF 이후 사업을 하며 진안이며 대전, 정읍 방방곡곡을 다녔고 온갖 벚꽃 명소들을 돌아봤다. 이종일 님에 의하면 효자주공3단지는 그에 못지않은 곳이다.

효자주공3단지에 사신지 얼마나 되셨어요?

오래 살았어요. 1991년 신혼 초부터 살았지. 우리 신혼집이야. 우리 애들 여기서 완산서초까지 나왔으니까.

이곳을 신혼집을 선택한 특별한 이유가 있을까요?

제가 학교 다닐 때 이 근방에 살아서 효자동 쪽에 오래 있었어요. '전주대학교'를 다녔거든요. 동생은 기전여자고등학교 다녀서 애들이랑 같이 자취해, 요 근방에 있었고요. 이 아파트 지은 것도 알고 있는데? 학교 다닐 때 친구들이 등짐 지고 했다고. 여기 5층 건물 지을 때 돈 받고 건축할 때 올라갔지.

이 근방에서는 여기 아파트가 제일 컸었죠. 옛날에는 아파트들이 많이 없었잖아요. 효자1단지, 2단지도 있었지만, 이 주변으로는 간단하게 길만 나있었다고. '금호아파트'도 없었고. 지금에서야 도시가 많이 발전해서 아파트들이 들어서고 수요도 많고 하지만 그때는 좀 달랐었던 것 같어.

그리고 효자동이 교통이 참 편해요. 여기서 '남부시장' 가지, '서부시장'이랑 '삼천시장'도 갈 수 있지. 주변엔 학교 많지. 예전이나 지금이나 도청도 가기 쉽고.

신혼 생활은 어떠셨어요?

신혼 때는 좋았죠. 여기 아파트 15평대에 살았는데 신혼 때 15평 정도면 괜찮죠. 아이들 중학교 다닐 때까지는 이제 19평에서 살고. 지금이면 25평 정도 될 거예요. 그랬다가 잠깐 효자주공3단지에서 나가서 살다가 다시 들어왔죠. 이십몇 년 살았어요. 우리 큰애가 여기서 스물몇 살까지 살았지. 그러다가 나가서 한 십몇 년 살고, 다시 또 들어오고. 지금은 아내랑 둘이 지내요.

효자주공으로 다시 돌아온 특별한 이유가 있으셨어요?

조합장은 무조건 아파트 안에 살아야 하니까요. 내가 2018년에 조합장이 되었는데 그때는 거주해야 한다는 조건이 없었어요. 그 이후에 생겨서 들어오게 된 거예요.

신혼 시절도 보내고 오랫동안 거주하셨는데 특별한 추억이나 기억이 있다면 들려주세요.

행복한 기억도 있고 여러 가지가 있지만… 지금 기억나는 건 내가 크게 당한 적이 있거든요. IMF 때.

도둑이 들었나요? 종종 신문에서도 나무를 타고 도둑이 들었다는 기사를 본 적이 있어요.

그게 아니라, 내가 IMF 때 도매 장사를 했어요. 차 안에 물건을 뒀었는데 그걸 누가 다 털어가 버린 거지. 물건 다 하면 한 3천만 원어치의 값일 거예요. IMF 때 아파트 주차장에 차를 뒀는데 차 유리 깨고 다 훔쳐 갔죠. 도둑은 못 잡았어요.

IMF 시절의 효자주공3단지의 분위기는 어땠나요?

IMF 때는 힘들었죠, 다들. 그때 아파트 경비도 줄였던 기억이 나네요. 다행히 저는 IMF 때 장사가 잘됐어요. 전기 재료, 필름 이런 걸 도매했거든. 달러가 많이 뛰는 바람에 이득을 봤죠.

특별히 친하게 지낸 이웃들이 있나요?

주위에 친한 사람들이 많이 있는 건 아니었지만 상가 소유주들하고는 잘 알았어요. 저하고 친했던 분은 다른 데로 이사 갔어요. 지금은 세종에 살고 있는데 가끔 통화하고 안부도 묻고 그러죠. 친하게 지낸 사람이 없을 수는 없죠. 여기서 보낸 세월이 있으니까. 또 조합장을 하다 보니까 조합원들도 다 알고요.

단지 안에서 마음에 드는 공간이 있으세요?

마음에 드는 데 많죠. 뒤에 보면 운동할 수 있는 곳 있잖아요. 소나무 있는 곳. 휴식 공간도 되고 참 괜찮아요. 예전에는 목욕탕도 많이 갔었고… 지금은 집에서 다 씻고 해결하니깐 목욕탕 갈 일이 별로 없지만, 옛날에는 자주 갔죠. 우리 입주할 때만 해도 조경이 참 잘돼 있었거든. 지금은 이제 뿌리가 하도 자라서 땅 밑까지 깊이 파고들어갔죠. 봄 되면 벚꽃이 화하게 피거든요. 올라가면서 쭉- 그게 가장 좋아요. 바로 옆에 '완산칠봉'도 있으니까 한 번씩 운동 나가는 것도 좋고.

조경 말고 아파트의 자랑이나 매력은 없을까요?

아파트가 대단지다 보니까 사람들이 많잖아요. 학교도 가까워서 그때만 해도 학생들이 많았어요. 단지랑 바로 연결된 학교 운동장 걷는 것도 괜찮고, 편의 시설 가기가 편한 게 매력이죠. 시내 한복판 가기도 편하고, 시장이나 마트도 가깝고.

아이들이 많이 있던 때가 기억에 남으시나 봐요. 단지가 제일 활발했던 때는 언제인 것 같으세요?

1990년도인 것 같아요. 왜냐하면 1984년도에 (아파트 입주를) 시작했으니까, 그때부터 들어와 살기 시작했다면 1990년대가 제일 활발했을 것 같은데요?

사실은 내가 잘 몰라요. 장사하는 사람이 그 분위기를 알겠어요? 저는 아침에 일찍 나갔다가 저녁 늦게 들어오니까 잘 몰라요. 직장 다닐 때도 마찬가지고. 새벽같이 나가서 저녁에 들어오니 사실상 아파트의 분위기는 잘 못 느꼈지만, 그냥 뭔가 기억하기에 그때가 제일 활기찼던 것 같아요.

처음 재건축 소식을 들으셨을 때 기억하세요?

2006년에 처음 들었어요. 그때 동 대표들이 재건축을 준비하면서 '추진준비위원회'를 했었어요. 저는 사업했을 때라 무척 바빴지만, 관심 있어서 참여했어요. 그래갖고 추진위 부위원장을 했었고, 조합 이사로도 있었어요.

재건축 이야기는 오래전부터 나왔잖아요. 처음 소식을 들었을 때 어떤 생각이 가장 먼저 드셨나요?

재건축은 아파트를 부수고 새로 짓는 거잖아요. 3단지도 어느 정도 시간이 됐으니까 재건축해야 할 시기라고 자연스럽게 생각했어요. 왜냐하면 우리 3단지보다 더 늦은 '삼천주공1단지'도 했고 '효자주공1단지, 2단지'랑 '인후주공1단지, 2단지' 다 했죠. 재건축하는 과정을 보고 우리 아파트도 새로 지어지면 좋겠다 싶었죠. 그런 마음들이 모여서 관심을 가지고 조합장으로 출마해서 여기까지 왔어요.

맡으신 일 중에 가장 어려운 것은 무엇인가요?

어려운 일은…. 어려운 일 많죠. 왜냐하면 뺑뺑이 돌리는 경우가 많이 있거든요. 사업 시행 받을 때 교육청하고 시청하고 도청이 서로 뺑뺑이 돌려서 일이 한참 걸렸어요. 유치원 부지 때문에요. 교육청에서는 재건축하는 아파트에 유치원은 필요 없다고 하고, 시청에서는 유치원 부지 만들라고 하고. 하여튼 모든 인허가 과정이 오래 걸려요. 정비 구역 변경이니 건축 심의, 교통 심의 할 것 없이.

재건축 과정에서 나무들은 어떻게 되나요? 녹지 관련 계획들이 나왔는지 궁금해요.

지금 많이 잘라놨어요. 녹지 관련한 것은 저희도 아직은 확정한 건 없는데요. 만약에 이 나무들을 다 이식해서 갖고 온다고 하면 새로 나무를 심는 것보다 비용이 배로 많이 들어요. 조합에서는 실질적으로 수익이 안 맞는 거죠. 시에서는 몇 그루 좀 이식하라는데 그것도 좀 지켜봐야 해요. 왜냐면 조합장으로서는 조합원한테 손실을 끼치면 안 되니까요. 향후 좋은 것들은 몇 개 골라서 이식할 수 있겠지만, 전체적으로는 쉽지 않다는 게 더 현실적이겠죠. 아직 구체적인 계획도 없고요.

지금은 어떤 마음이신지.

그냥 가만히, 빨리 조합원들 이득으로 끝내야죠. 사실 재건축은 그것밖에 없어요. 빨리빨리 가는 것밖에. 하루라도 늦으면 그만큼 또 어떻게 될지 모르니까….

그리고 다시 돌아오는 거. 효자동에 아는 사람들이 워낙 많으니까요. 이 동네에서 제일 오래 있다 보니까 웬만한 사람들은 다 알지요.

앞으로 효자주공3단지가 어떤 공간으로 변화했으면 하나요?

재건축 이후에 서부시장 부근뿐 아니라 효자동 전체가 살아나면 좋겠어요. 우리 단지가 지금 전주에서 제일 큰 아파트잖아요? 재건축 후에 지금 자리가 효자동의 중심지가 될 거예요. 그랬으면 좋겠고요. 우리가 시내와 신시가지 한중간에 있어요. 조금만 내려가면 백제대로를 타고 나갈 수 있잖아요? 효자동, 나아가 전주의 중심이 되면 좋겠다는 마음이 있어요.

효자주공3단지 재건축 조감도

젊은 시절의 이종일 님은 새벽같이 일어나 하루를 시작하고 깜깜한 밤이 되어야 일과를 마쳤기 때문에 한낮 오후의 활기찬 단지 안의 모습을 직접 보지는 못했다. 그러나 어쩐지 분주히 학교 가는 아이들의 모습, 주차장을 자유롭게 뛰어놀던 아이들의 모습, 신혼부부와 젊은 사람들이 많이 살던 2000년대 초반까지의 모습은 20년 세월 동안 효자주공3단지에 살았던 이종일 님의 기억 속에 자연스럽게 남아 있다. 조합장을 맡고 난 이후로 아파트의 개발과 조합원의 이익을 생각하며 재건축을 기다리는 지금도, 결국 동네를 사랑하고 애정하는 마음에서 시작된 일 아니었을까? 이종일 님도 모르는 사이 효자주공3단지는 자연스럽게 그의 삶의 일부가 되었다.

인생이 바뀐 행복한 곳

하재필(1960년생) 심상숙 | 운영 기간 2002 - 현재

20년째 단지 안에서 세탁소를 운영하는 부부는 재건축 이후에도 건강이 허락하는 한 세탁업을 하고 싶다. 손수 찾아오는 단골들 때문이다.

세탁소에 들어서면 좁은 공간 사이 빼곡하게 들어차 있는 옷들 너머로 세탁소 부부의 가족사진이 보인다. 옷을 다리고 수선하면서도 제일 잘 보이는 자리다. 문밖으로는 사시사철 아름다운 나무가 한눈에 보인다. 계절 따라 흐드러지게 피는 온갖 꽃과 나무들을 보고, 빳빳한 볕을 마음껏 쬐며 20년 동안 세탁소를 운영했다. 손님들과 효자주공3단지 주민들을 생각하면 항상 고마움이 먼저 떠오르는 하재필 사장님 부부 내외의 이야기를 들어보자.

세탁소를 시작하게 된 계기가 궁금해요. 효자주공3단지로 언제 오셨어요?

2002년도에 여기로 왔어요. 고향은 임실 저 산골짜기예요. 서울 가서 양복 만드는 기술을 배웠어. 지금 우리 젊은 친구들은 양복점도 모를 거 같은데 지금은 그 많은 양장점, 양복점들 다 없어졌잖아. 옛날에는 양복 기술만 가지고 있으면 일류 신랑감, 1위 후보였어. 그렇게 돈을 잘 벌었어요. 초창기 우리 선배들 같은 경우는 양복점 재단사 하면 너도나도 사위 삼으려고 했어. 그렇게나 인기가 좋았지.

그리고 나서 2002년도에 효자주공에 들어오게 된 거예요. 세탁소 하면서 애들 다 키우고 결혼하고 보냈어.

효자주공으로 오시게 된 이유가 있었을까요?

집이 완산동이기도 하고, 여기 단지가 크니까 왔지. 20년 전에는 여기가 공무원 임대 아파트였어요. 거기만 300세대가 넘었다고. 또 조용하고 공기 좋고 나무도 많고. 그래서 '여기서 세탁소를 하면 괜찮겠다.' 생각이 들어서 여기로 왔지.

처음엔 전세로 왔다가 중간에 주인이 매매한다고 해서 매입했죠. 지금은 여기에 살다가 이사 간 분들이 전부 이렇게 차로 세탁물을 실어다 주니까 일을 할 수 있어요. 나의 실력을 믿고 계속 이용해주니까 지금도 계속 바쁘죠.

이사 한 손님들이 계속 오시는 거예요?

그렇지. 저기 효자동에서, 진북동에서, 멀리 효천지구에서도 오고, 삼천동에서도 오고 그러시죠. 우리는 이제 그만하고 싶은데 재건축할 때까지는 해야지. 내 가게니까 어차피 비워놓을 수는 없고.

손님 비율을 따지자면 여기서 살다 간 사람이 9고, 현재 주민이 1이여. 엄청 고마운 사람들이야 진짜. 세탁소가 없어서 여기로 오겠냐고. 일부러 차를 갖고 와서 옷들도 다 가져오고. 우리 세탁소를 계속 이용해 줘서 감사하지.

20년 동안 운영하시면서 기억에 남는 손님이 있나요?

여기는 손님들이 너무 순해서 고마운 사람들이 많았어. 사람들이 그렇게 좋을 수가 없었어. 세탁소 부부가 열심히 한다고 먹을 것도 나눠주고 했던 게 기억이 나. 손님들이 우리를 믿고 찾아와 준다는 게 항상 고맙고 기억에 남지.

20년 전만 해도, 애들이 이 앞에서 유치원 가려고 많이 있었던 게 생각나네. 학원 차도 기다리고. 그럼 내가 아이들 보고 들어오라고 해서 여기 앉혀놓고 차 오면 나가서 태우고 그랬어요. 그런 애들이 지금 다 성인이 돼서 장가 간 사람도 있고, 군대 갔다 오고, 취직하고 그랬지. 그렇게 예뻐했으니까, 지금도 애들이 지나가다 인사하지.

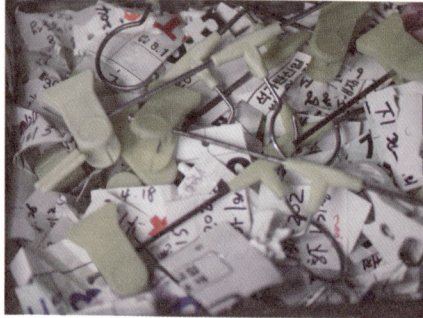

그즈음의 효자주공3단지는 어떤 아파트였어요?

우리가 처음 여기 왔을 때만 해도 나무들이 아파트 2층 높이였는데 지금은 5층을 훌쩍 넘어버렸어. 그때도 나무들이 많아서 참 좋았던 기억이 나. 여기는 전주 시내에서, 쉽게 말해서 유지들이 사는 아파트였어요. 최고급 아파트였지. 그런데 지금은 아파트 자체도 조그맣고 낙후된 부분이 있어서 좀 아쉽지.

세탁소가 한창 바쁜 시기는 언제였을까요?

공무원 아파트 있을 때 맞벌이하는 사람들이 많으니까 '집에 들러서 옷 좀 가져가 주세요' 그래. 가보면 보통 겨울옷 30벌 정도 나오고, 딸 있는 집들은 막 50벌까지도 나와. 그때는 아침에 7시 반쯤 출근해서 집에 가면 밤 11시, 12시야. 너무 바쁘니까 여기 뒤 골방에서 쉬었다가 일하고 그랬다고.

여름쯤에 겨우 밀려온 일 좀 끝내면, 또 가을 일이 밀려오고… 어디 친구 한 번을 제대로 못 만나러 갔어요. 내일 일 할 거 생각하면 못 놀러 가지. 처음 몇 년 동안은 일요일도 없이 365일 계속 일했어요. 손님들하고 약속은 지켜야 하니까.

옆에 슈퍼도 문을 닫고, 다른 상가도 없어져서 적적하진 않으세요?

아무래도 그렇지. 우리도 한 10년 전부터는 한가한 것 같아. 그때가 공무원 아파트 이전한 시기야. 혁신도시인가, 만성동 그쪽으로 임대 아파트가 생겼다고 하더라고.

아무리 내 가게라지만 여기서 하루에 바지 서너 개 세탁해서 어떻게 운영하겠어. 다행히 고객들이 직접 찾아와 주니까 그나마 할 만하고, 버틸만한 거지. 지금까지 살아남은 사람이 나랑 저 밑에 슈퍼밖에 없어. 그래도 이제는 7시 되면 문 딱 닫고 가.

단지 안에서 마음에 드는 장소가 있나요?

우리 세탁소 자리지! 진짜 어디 가서 이런 좋은 자리에서 세탁소 못 해. 엄청 좋아. 사계절 다 볼 수 있지. 봄 되면 목련이 제일 먼저 피고, 가운데가 벚꽃이고, 수국도 있지. 다 볼 수 있잖아. 아주 끝내주죠.

우리 서울 사촌 형님이 와서 그랬어요. "야, 너는 별장에서 일한다." 나무도 좋고 공기도 좋고 이런 아파트가 어디 있냐고 말이야. 이렇게 좋은 데가 없어. 세탁소 앞이 넓으니까 이불도 말려서 털어버리면 너무 개운해. 아무리 기계로 말린다고 해도 일광욕이 좋잖아. 햇빛에 탁탁 털어서 말리면 손님도 좋고 나도 기분이 좋아.

심상숙님 사진 제공

이제 곧 재건축을 앞두고 있는데 어떠세요? 이후의 계획도 궁금해요.

단지가 개발을 좀 더 빨리했다면 좋았겠지. 한 10년 전에만 재건축이 됐어도 좋았을 것 같아. 지금은 주민들이 나이가 들어서 참 아쉬워.

재건축 이후에는 건강이 허락하는 한 계속 세탁소 일을 해야겠다고 생각하고 있어. 아직은 젊으니까. 오히려 아무런 일도 안 하면 병이 온대. 우리 같은 경우는 상권이 따로 필요가 없어. 상가만 좀 훤하고, 공기가 잘 통하면 돼.

사장님들께 효자주공은 어떤 곳인가요?

우리는 효자주공3단지에 와서 인생이 바뀌었어. 진짜 행복한 일터야. 애들 여기서 다 키우고 대학 보내고 좋은 데 시집가서 잘살고 있지.

여기 오기 전에는 힘들었던 때도 있었지만, 효자주공3단지에 와서 돈도 벌고 애들도 대학까지 다 보냈으니까. 우리가 큰애 중학교 때 여길 왔는데 지금은 그 딸이 시집가서 손주가 중학생이야. 여기에 내 인생이 다 있어. 나의 청춘을 바쳤지만 후회스럽지 않은 자리야.

심상숙님 사진 제공

마지막으로 하시고 싶은 말씀이 있다면 들려주세요.

우린 여기서 좋은 일만 가득해서 재건축에 들어가면 추억에 잠겨서 살 것 같아.

세탁소 하면서 만났던 사람들을 항상 생각해. 스쳐 간 인연들이 나로 인해서 감사함을 느낄 수 있게끔 마음속에 항상 새기고 있죠. 받은 만큼 좋은 일도 많이 하고 베풀고 싶어. 우리 애들한테 어느 정도 기반을 잡아주면 나머지는 다 사회에 환원하고 싶어. 그게 사람의 도리라는 생각이 들어. 단지 재건축 문제가 빨리 해결됐으면 좋겠어.

재건축하더라도 세탁소 뒤에 있는 버드나무는 살렸으면 좋겠어. 버드나무 밑 정자에서 어른들, 아이들과 놀고 참 재미있었는데…

2부. 효자 시절, 그때 그 사람들

보람찼던 내 인생의 정점

박경신님 사진 제공

박경신(1953년생) | 거주 기간 2001-2010

남편의 전주 발령에 따라 이사를 왔다. 효자주공3단지 아파트는 공무원이 었던 남편으로 인해 공무원 아파트를 임대하여 들어왔다.

너무 형식적이지만 자기소개를 좀 부탁드려요.

자기소개라고 하면은… 학력 말하고 막 그런 것까지 말해야 하나요? 4월 3일생이고 어려서부터 그림을 좋아해서…. 그냥 이런 건 소개해도 괜찮겠지? 어려서부터 그림을 좋아해서 우리 집은 온 벽이 막 그림 천지였어. 미대를 꿈꿨는데 대학을 못 갔어, 우리 시대가 어려워서. 직장 그만두자마자 60부터, 그 나이에 내가 그림을 그리기 시작했어. 60부터 그리기 시작해 인자 12년간 그림을 그린 거지. 지금은 작가로 활동하고 있고 개인전도 몇 번 했고.

오! 다음 (개인전) 계획도 있으신가요?

내년에 개인전을 해요. 다음에는 정식으로 초대할게요.

네, 감사합니다. 성함도 말씀해 주실 수 있나요? 중요한 소개가 빠진 것 같아서요. (웃음)

박경신. 밀양 박… 뭐 그런 거 말 안 해도 되지? 공경 경, 믿을 신! 그렇게까지 말 안 해도 되겠지?

자세히 말해 주셔서 감사해요. (웃음) 효자주공에 언제부터 거주하셨는지 말씀해 주실 수 있을까요?

공무원 아파트로 들어갔을 때가… 우리가 지금 여기 온 지가

15년 됐으니까. 한 20년 전에 공무원 아파트에서 7년을 살았고. 그 후로도 3단지에 다른 동에서 한 3년 정도 더 살았어요. 10년 남짓을 살았지.

진짜 오래 계셨네요. 그렇다면 그 시절 효자주공3단지가 지어지기 전의 모습을 혹시 기억하고 계세요?

그건 전혀 모르는데…. 내가 시골 '백산'으로 시집을 갔다가 거기서 10년 살고, '화산초등학교' 앞 주택에서 8년을 살다가 이제 아기 아빠가 우체국을 다녔기 때문에 효자주공3단지에 들어갈 수가 있었던 거지.

남편분이 공무원이셨기 때문에 임대를 받아서 들어가셨던 거네요. 그렇다면 아예 효자동이 어떤 동네인지 모르는 상태로….

부안이나 김제 쪽 사람들은 효자동 쪽으로 많이 오고. 저기 진안, 장수 그쪽에서 오는 사람들은 인후동으로 많이 오고. 거기가 가깝잖아. 그렇게 많이 온다고.

효자주공3단지에 살면서 어떤 부분이 가장 좋으셨을까요?

살면서 가장 아름다운 모습은 조경이야. 다른 아파트도 많이 가봤어. 내가 출판사를 다니면서 전주 시내에 내 고객이 안 깔린 데가 없었거든. 그러면서 '정말 조경은 여기 효자주공3단지만큼 잘한 데가 없구나!' 그걸 느꼈고. 가장 나한테 유익하거나 정감이 갔던 건 출판사를 다니면서 아파트에 내 고객이 제일 많았다는 거. 고객을 내가 만들었지, 내가 거기 살았으니까.

효자주공3단지에 고객이 많았던 이유를 여쭤봐도 될까요?

엄마들을 만나면서 책에 대한 정보, 말하자면 아이들한테 어떤 교육적인 역할을 하는 책을 소개하면서…. 왜 어려서부터 아이들에게 책을 읽게 하는가! 나중에 글도 잘 쓰고, 통찰력, 인지력이나 하여튼 다 그 책 속에 다 들어있으니까! 책을 많이 읽으면 공부는 저절로 따라서 잘하게 된다, 그런 것들을 엄마들한테 많이 인식시켜 줬지. 그때 젊은 엄마들이 많았고. 뭐 아는 사람이 어디있간? 많이 개척하면서 만났지.

효자주공3단지는 공무원 아파트랑 일반 임대랑 섞여 있잖아요. 2018년 이후로는 공무원 아파트도 비어 있고요. 그때 공무원 아파트만의 분위기도 따로 있었을까요?

공무원 아파트만의 다른 분위기 그런 건 없었고. 공무원이 무슨 얼마나 있었다고. 그냥 공무원들한테 혜택을 주니까 저렴하게 거기로 들어갔던 거지. 예전에는 10년까지 살 수 있었는데 우리 때부터는 기간이 줄어들어서 7년까지 살 수 있었어. 어떤 사람들은 3년 살다 나간 사람도 있고, 5년 살다 나간 사람도 있고. 우리는 7년을 다 채웠지. 기간이 딱 끝나니까 그 옆 동으로 이사를 간 거지. 그때는 생활도 좀 더 어려웠고, 애들이 한창 공부하는 시기여서 오래 살았던 거지.

인터뷰하신 분들의 얘기를 들으면 그때는 어쨌든 경제적으로 어려워도 자식들 다 길렀다는 그런 말들을 자주 언급하신 것 같아요.

그렇지. 풍족하지 않았는데. 거기 살 때는 좋았어. 나한테 좀 아픔도 있기는 했었는데….

10년 동안 사시면서 좋았던 추억은 뭐가 있으신가요?

그때가 최고로 열심히 살았던 때였어. 출판사에 13년간 근무하면서 열심히 살아냈던 거. 그리고 그 당시에 엄마들을 만나고 아이들한테 책을 권하고. 아이들이랑 엄마들과 공감하고. 그때가 그래도 행복했다. 그게 굉장히 보람되고 그랬던 것 같아. 내 덕에 책을 많이 읽어서 고맙다고 하는 사람들도 있었거든. 어떤 사람은 애들에게 책을 못 사줄 형편이야. 그러면 중고 책이라도 사다가 주고. 몇만 원 남지도 않아. 송천동 가면 큰 서점이 있어. 거기서 나한테 "남지도 않는데 되도록 새 책을 사서 보내야지!" 이래.

"우리 고객이 형편은 어렵고 책은 보고 싶어 하는데 중고라도 사다 줘야 하는 거 아니냐. 내 이익을 취하지 말고. 그 고객을 위해서 나는 이렇게 하고 싶다." 그러니까 이제 거기서도 내 성격을 다 알고 그랬었지.

계속 듣다 보니까 궁금해지는데요. 어떻게 출판사에서 일을 하시게 되었는지 그 시작이 너무 궁금해졌어요.

시골에서 10년 살다가 이제 전주에 왔을 때 그때 우리 애들이 초등학교 3학년, 1학년이었어. 우리 남편이 시골에서 임시 직원으로 있다가 전주에 정식 직원으로 발령 나서 왔는데 그때는 월급이 너무 적었을 때야.

그때가 90년대인데 생활이 너무 어렵다, 나도 일을 해야겠다, 싶었지. 그 당시 동생과 제부가 효자주공3단지에 살았어. "내가 일을 하고 싶은데, 나는 책을 좋아하니까 출판사 일을 하고 싶다." 그랬더니 "언니 그럼 내가 소개해 줄게." 그러더라고. 동생이 출판사 계장을 소개해 줘서 일하기 시작했지. 열심히 일했어. 1년 만에 계장 되고, 3년 만에 과장 되고, 6년 만에 차장 되고, 9년 만에 부장 되고. 최고 높은 지위인 부장까지 올라갔던 거지.

그때는 다 (집들이) 문도 열어주고. 지금은 인심이 고약해서 들어가지도 못해. "아이들 교육 정보를 전하러 왔다. 좋은 책도 소개받고 한번 들어봐라." 그러면 엄마들이 문을 잘 열어줬어. 교육열도 열렬했고. 우리 한국이 교육열 1위라잖아.

그때만 해도 인심이 야박하지 않고, 아이들도 날 좋아해서 "계몽사 아줌마", "계몽사 선생님 왔다" 좋아하고. 냉장고에서 귀한 딸기를 내와서 주고. 밥도 가끔 얻어먹고. 내가 가면 으레 "김치하고라도 그냥 우리 집에서 점심 같이 먹을까요?" 했었어. 서로 정겹게 참 그랬었어, 그 시절에.

책을 권하는 기준은 어떻게 되세요?

집을 내가 둘러봐. 이 집에 뭔 책이 있는가…. 그러면 이 집에는 어떤 책이 필요하겠다 싶지. 다른 출판사 사람들은 비싼 책을 권해. 근데 나는 절대 안 그래.

어떤 집은 책을 많이 사줘도 아이가 안 읽는다고 해. 그럼 그런 애들한테는 재미있는 책을 넣어줘야 해. 그럼 거기서 흥미를 느끼고 책을 서서히 읽게 해주지. 그런 애들한테 딱딱한 책을 들고 공부하라고 하고 백과사전 권하고 그러면 안 돼.

출판사에 어떤 직원을 만나느냐에 따라서 달라지지. 나는 내 이익보다는 항상 고객의 입장에서 생각을 많이 했어.

지금도 책을 많이 읽으세요?

지금도 책은 좋아하는데 이제 그림에 미쳐서. 그림 그리다 보니까 책 읽을 시간이 더 없고. 원래 책은 좋아하는데….

특별히 기억나는 이웃이 있으실까요?

107동인가 108동인가 이제 기억이 잘 안 나네. 하도 오래돼서. 우리가 공무원 아파트 살면서 기억나는 이웃이 두 집 있는데, 1층에는 나한테 "언니, 언니" 하는 동생이랑 참 잘 지냈어.

내가 3층에 살았었는데 바로 위에 4층에는 젊은 친구가 맨날 아파서 누워 있고 집 청소도 못하고 막 그래. 그런데도 애들 책을 사줘. 그 집도 공무원이었는데 아기들이 못 먹어서 빼짝 마르고, 엄마는 맨날 아프다고 그래. 그래서 먹을 게 생기면 주고. 수박도 한 통 사서 반 절 잘라서 갖다주고.

또 하나는 거기도 공무원인데 남편이 학교 선생이었어. 우리 뒷동에 사는데 거기도 (고객) 개척해서 들어가게 됐어. (뒷동에 사는) 아줌마하고 밖에서 만나 내 소개하면서 애들 책 한번 볼 거냐고 그랬더니 그러겠다고 들어오라고 했었지.

집에 주로 안 계시고 일로 바쁘셨겠어요.

일을 해야 하니까. 그때는 생활이 어려웠으니까. 아이들 교육비도 많이 드는데 남편 월급은 적고. 그러니까 '내가 일을 해야겠다.' 생각하고 출판사에 뛰어들어 열심히 했지. 그렇게 직급도 올라가고 상이란 상은 다 휩쓸고 해외여행까지 갔다 오고. 하여튼 뭐든지 하면 열심히 해. 그림도 그래. 그림 그리는 것도 다른 사람보다 더 열심히 그려 나.

그래도 혹시나 집 안에서 좋아했던 공간이나 기억나는 특징 같은 게 있다면 말씀해 주셔도 좋아요. 살았던 분들은 이 얘기를 많이 하세요. 집이 되게 좁은 것 같은데도 뭔가 알차다고요.

맞아, 그거야! 집은 좁은데 알찼어. 19평에서 우리가 살았는데 방도 세 개고. 화장실은 그 대신 하나 있어. 그때는 일에 정신이 없어서 그 집에다가 막 꾸미고 살고 그러지 않았지. 그러다 보니 그때 무엇이 참 좋았다! 그런 생각이 별로 없고. 베란다도 있지만 식물도 많이 안 키우고. 그때는 남의 집 가서 식물을 키우는 거 보면 "나 참, 나무와 꽃 좋아하는데…" 했지.

하루 일과는 아침 9시 반에서 10시에 출근하셔서 퇴근은 한 6시에 하셨어요?

아니야. 더 늦게 들어갔어. 고객들 만나느라. 그날 고객이 있으면 만나고 사무실로 들어가. 늦어도 6시까지는 들어가고. 고객이 없으면 내가 그날 책을 하나도 판매가 안 된 날이야. 그러면 그냥 집으로 가는 거야. 일을 하다가 해가 뉘엿뉘엿할 때까지 일할 때가 있고. 어떤 집은 밤에 오라고 하는 집도 있어. 자기가 일을 하니까 "밤에 한번 와주실래요?" 그런 집도 간혹 있고. 뭐 책만 산다고 하면 그때 가야지.

어이구. 일의 마감에 경계가 없었군요. 바쁘셨겠어요. 집 이야기가 나올 때 연탄보일러라든지 보일러실 옆의 공간이라든지. 이런 곳들을 얘기하기도 했거든요.

그 당시 잘 지어진 아파트의 중심이 3단지였지. 신혼부부들이 그렇게 많았어. 조경과 단지도 제일로 컸었고. 그때 도청도 이사 가기 전이어서 도청도 가까웠고, 경찰청도 가까웠지. 인프라가 굉장히 좋았지. 3단지 자체가 인기도 좋았었고. 그때만 해도 객사 쪽이 전주 중심이었어. 서부시장까지 이어져서 그 근처가 있을 거 다 있고. 그때의 나는 효자주공3단지가 최고인 줄 알았어.

효자주공3단지만의 특별한 아파트 문화 같은 게 기억나는 게 있으세요?

난 대학도 안 나온 사람인데 그래도 고객들이 날 알아줘서 동 대표를 세웠어. 동 대표를 하면 똑똑해서 잘하겠다고 그래서 내가 공무원 아파트 살 때 동 대표를 했어. 내 일이 바빠서 동 대표까지 뭘 하나 했는데 자꾸 나를 소개해서 하게 됐지. 나중에는 동 대표에서 이사까지 했어. 여자 이사는 나 혼자밖에 없었어. 그전에는 똑똑하고 배운 남자들이 다 하는 거야. 몇 년 그렇게 하다가 여기로 이사 오느라고 그만뒀지. 여기 이 아파트로 이사 온 지가 15년 됐거든. 여기만큼 좋은 데가 없어.

이사 후 지금 사는 동네에서 가장 마음에 드는 것들이 있으세요?

모든 상권이 다 잘돼 있고, 또 여기는 천변에 걸을 수 있는 그 공간을 다 마련해 놨잖아. 운동하기도 좋고 뭐 이렇게 전망이 좋고 그러니까.

재건축 이야기가 있잖아요. 그 이야기를 처음 들었을 때는 언제였는지, 당시 마음이나 기분이 어떠셨는지도 궁금해요.

재건축한다고 하니까 인자 거기에서 나이 드신 어른들은 반대했지. 그때만 해도 난 젊었으니까 여기다가 집 하나 사놓으면 좋겠다, 싶었지. 그때는 나도 어려워서 집은 못 샀고. 아쉬운 마음 그게 참 컸어. 큰 단지니까 재건축하면 좋겠다는 생각이 들었지.

오히려 재건축하면 좋겠다고 생각하셨군요.

그런 생각이 들었지. 한 가지 아쉬운 게, 여기는 재개발을 해서 삶의 터전은 더 아름답게 될지 몰라도 이 조경이 다 없어진다는 것이 좀 아쉬웠어. 슬펐고.

사실 어느 아파트를 가도 볼 수 없는 조경이긴 하거든요. 아파트 안에 버드나무가 있고, 자목련 나무가 있고요.

그렇지. 그러니까 나이 드신 어른들은 재개발하는 걸 반대하고 싫어하는 분들도 있잖아. 젊은 층은 이제 좋다고 하고. 그렇지만 다 뭐든지 반반씩이니까. 하여튼 거기 입주하고 새로 재개발한다고 한 지가, 우리 살 때부터 그랬으니까 20년도 넘었어.

아쉽지만 효자주공3단지에서 그래도 사진으로 남겨두고 싶은 장소나 공간 있으세요?

사진으로 남겨두고 싶은 것은 아름다운 조경. 조경을 좀 사진으로 남겨두고 싶어. 아무래도 봄에 아름답게 벚꽃이 많이 피었을 때 그 밑에서 찍는 게 예쁘지 않을까? 그리고 이제 그 벚꽃과 함께 옆에 있는 나무들도 보고, 아파트도 보면서. 이렇게 같이 어우러진 걸 보고 싶지.

떠나고 나서 효자주공3단지는 가보셨어요?

일부러 가보지는 않고, 지나갈 때마다 보는 거지. 내가 여기 살았는데…. 안에 마당은 한 번 밟아봤지. 거기를 거쳐서 가보기는 했어. 공무원 아파트가 이제는 다 폐쇄됐더라고. 이사 온 뒤로는 인근에 방문해야 할 사람이 없으니까 한 번도 들어가 보진 않았어. 이제 내가 출판사 그만둔 지도 오래됐고. 그래서 그냥 지나다니면서 건물만 보지.

그렇군요. 자, 드디어 마지막 질문입니다. 박경신 님에게 효자주공이란 어떤 곳인가요?

한마디로 정의를 내려라?

네, 맞아요. 설명해 주실 수 있을까요? 어떤 의미인지요.

내가 거기서 오래 살았고, 내 삶의 터전에서 가장 보람을 느끼고 살았었을 때지. 내 삶의 중심, 정점이었지.

효자주공3단지의 시절과 그림 이야기만 하면 눈에 이채가 번뜩이는 대화. 그 당시 보낸 일상은 단순하게 개인이 그저 일을 열심히 했다는 것으로 정의할 수 없었다. 그냥 하는 법이 없던 성실한 삶의 태도는 일뿐만 아니라 사람들까지 이어진다. 지금의 아파트 생활에서는 좀처럼 상상하기 어려운 정다운 모습들이 종종 그려지고, 강산이 변해도 사람들 사이에 여전히 흘러야 할 따스한 것들이 자꾸만 그리워진다.

행복한 것을 생각한다면

김완숙님 사진 제공

김완숙(1963년생) | 거주 기간 1991년-1998년

효자주공3단지 상가에 있는 속셈 학원 선생님으로 취직하고 눈여겨본 효자주공3단지로 이사를 왔었다.

효자주공3단지로 이사 하게 된 계기가 궁금합니다.

결혼 전에 효자주공 상가에서 속셈 학원 강사로 10년 동안 근무했어요. 그때 가장 인상 깊었던 것이 아파트 안의 잘 가꾸어진 숲과 그 당시에는 흔하지 않던 단지 내의 인프라가 굉장히 좋아 보였어요.

처음 이사 왔을 때 주변의 모습은 어땠나요?

놀이터가 잘 조성되어 있었고 주차장이 아주 널찍널찍, 복잡하지 않게 되어 있었죠. 그다음에 단지 안에 상가라든지 세탁소, 목욕탕, 약국, 병원, 학원, 미용실, 슈퍼 이런 것들이 아주 잘 갖춰져 있어 사는 데 크게 불편하지 않았던 것 같아요. 특히 단지 앞에 버스 정류장도 있어 교통도 굉장히 편해서 여러 가지로 좋았던 것 같아요.

기억하는 집의 모습은 어떤가요?

제가 128동 3층에 살았는데 앞에 바로 산이 있었고 그 옆에 문중 묘가 있었어요. 쭉 비석도 있고. 묘가 아주 가지런하게 있었는데 그 자체의 모습도 인상 깊었지만, 겨울에 막 눈보라가 치는 걸 보면 여러 가지 복잡하고도 미묘한 생각을 했던 것 같아. 묘지와 그 산의 풍경이…. 그 옆에 작은 과수원과 딸린 작은 집도 있었고. 지금과는 전혀 다른 모습이죠. 마치 강원도 숲속에서나 볼 수 있는 그런 환경이었지.

집에 대해 조금 더 자세하게 물어봐도 될까요? 집 안에서도 특별히 기억나는 점이요.

결혼하고서는 처음 마련한 아파트였어요. 주택에서는 가질 수 없는 독특한 구조가 뭐냐면, 집 안에서 보일러실 옆에 가로 30cm, 세로 30cm 정사각형의 문이 있었어요. 투입구를 열면 바로 밑에 쓰레기장하고 연결되어서 멀리 나가지 않아도 쓰레기를 버릴 수 있다는 게 너무 좋았어요. 그게 참 인상 깊었어요. 소리는 무서웠어요. '텅- 텅-' 하면서 소리가 났죠. 1층 사람은 괴로웠겠다, 그런 생각을 하면서 미안하기도 했지마는 아무튼 난 나가지 않아도 쉽게 버릴 수 있다는 그게 너무 편했어요.

효자주공3단지에서 어떤 일상을 보내셨는지 궁금해요. 하루 일과는 어떠셨어요?

제가 살았을 때는 제 또래 엄마들이 무지 많았어요. 아이들 유치원 파하고 나서 잠깐 놀이터로 나가면 제 또래 주변 엄마들이 아이들을 한둘 데리고 나와서 항상 놀이터가 바글바글했어요. 그네도, 미끄럼틀도 순서를 기다려야 할 정도로 진짜 바글바글했죠. 거기 3단지 앞에 작은 벤치가 있었는데 엄마들이 앉아 있어서 자리가 항상 부족했어요. 어떤 엄마들은 옆에 있는 나무 디딤돌 경계석에 쭉 앉아 있었어요. 벤치는 세 명밖에 앉을 수가 없었어요. 나머지 네다섯, 일곱 명은 경계석에 쭈르륵 앉아서 아이들이 노는 것을 지켜보고. 서로 교제도 하고, 놀러도 가고. "00 엄마, 오늘 집에 가서 점심 먹자" 하면 아이들 데리고 가 집에서 놀다가 오기도 하고, 또 그 집 아이들이 놀러 오기도 하고. 또래 엄마들의 모임이 활발했죠.

집에서 가장 좋아했던 공간은 어디인가요?

베란다였어요. 앞 베란다에서 보면 가끔 문중 사람들이 와서 시제 모시는 것을 구경할 수가 있었어요. 1년에 한 번 정도. 예복을 다 갖춰 입은 사람들이 음식을 많이 차려놓고 제를 올리는 모습을 볼 수 있었어요. 그것 말고는 항상 앞산이 푸르러서 계절 따라 봄, 여름, 가을, 겨울 풍경이 주는 즐거움. 힘들고 때로는 지쳤을 때 산을 바라보면서 굉장히 위로받았던 적이 있어요.

효자주공3단지안에서 특별히 기억나는 일이나 이웃이 계실까요?

'찬호(가명) 엄마'예요. 재혼한 가정이었는데, 거기에 이미 남자아이가 둘 있었었어요. 재혼한 후 '찬호'라는 아이를 낳았는데 그 엄마가 와서 항상 자기 너무 힘들다고, 그런 이야기를 했던 기억이 나고. 서로 위로를 주고받고. 엄마가 참 예쁘고 착했던 거. 자기 속내를 이야기해 줬을 때랑 서로 오가면서 같이 지냈던 기억이 많이 나. 지금도 가끔 '찬호 엄마는 지금 어떻게 됐을까?' 생각해요. 그때 그 아저씨가 너무 힘들게 해서 찬호를 데리고 집을 나갔어. 그 뒤부터 연락이 끊겼어.

특별히 기억나는 일은 아파트 옆에 과수원이 있었는데, 봄이 되면 분홍색 복사꽃이 피어요. 그 밑에 작은 오두막집이 있는데 그분들의 일상이 아파트에서 보여요. 아이들이 학교도 가고. 아저씨가 자전거포를 하셨던 것 같아. 아저씨가 자전거 고무를 때웠던 게 지금도 생각나요. 지금은 그런 일상들이 없는데.

효자주공3단지만의 분위기가 느껴지는 부분이 있을까요?

사람들이 프라이드가 높았죠. 전주 시내에서 이렇게 오솔길로 조성된 아름다운 정원 같은 아파트가 없다고 늘 말했어요. 만나면 우리 아파트는 참 정원이 잘 조성돼 있다고 말했죠. 누구나 프라이드를 가지고 있었어요.

3단지는 지금 생각해도 제일 인상 깊었던 게 나무들. 공간과 공간 사이의 나무, 테니스 코트도 있었고, 주위에 산이 있었고. 그런 것들이 전주 시내에서는 굉장히 보기 힘든 환경이었죠. 단지도 컸고. '기린봉(정상)'에서 내려다보면 3단지가 쫙 보였어요. 당시에 단지가 '용머리고개'나 효자동 근처에서 제일 컸기 때문에.

아파트가 지어지기 전 모습을 혹시 아세요?

전혀 모르겠지만, 제가 근무했던 곳이 (아파트 상가) 처음 입주한 곳이었어요. 당시는 주변 개발이 안 됐기 때문에 '정혜사' 근처도 다 들판이었고 3단지 앞쪽도 오솔길이 있었고. 거기가 산책로였어요.

언덕이 있는 산책로, 산길, 오솔길이었죠. 지금과는 전혀 다른 환경이었죠. 3단지 옆 들판을 건너서, 논둑길과 밭둑길을 지나서 정혜사로 가는 길이 있었기 때문에.

그럼 그때는 정문 앞에 있는 도로는 없었던 건가요?

아파트 정문 앞 도로는 있었죠. '예수병원' 쪽에 살았던 아이들이 그 근처에 학원이 없었기 때문에 3단지 속셈 학원까지 걸어서 왔죠. 그 언덕 사이사이를 지나서.

(그 시절의 풍경을 상상하시는 듯했다.)

어쨌든 그 둘레가 전부 다 산이었다는 거. 3단지는 단지도 예뻤지만, 주변도 개발이 아직 안 돼있었기 때문에 대단히 아름다웠죠. 개발 안 된 자연이 보존되었던 곳이라고 봐요.

그때에는 전주에 아파트가 몇 없었을 텐데 효자주공아파트가 생기고 나서 그 뒤로 아파트가 많이 지어진 건가요?

효자주공아파트가 생기면서 몇 년 안에… '금호아파트' 생겼죠, '청솔' 생겼죠. 그다음에 정혜사 근처를 싹 밀면서 전원주택 단지가 생겼어요. 아마 정혜사가 있기 때문에, 또 '완산공원'하고 연결되어서 고도 제한 때문에 다행히 그쪽은 아파트가 안 생긴 것 같아요. '완산칠봉'과 정혜사 덕분에 그나마 다행이라고 생각하죠.

효자주공3단지 상가에 있는 속셈 학원이 일터였는데 속셈 학원의 일과는 어땠는지 물어봐도 될까요?

당시 화산초등학교 아이들이 매우 많았어요. 1, 2학년 아이들은 2부제를 했었어요. 오전반과 오후반이 있었죠. 속셈 학원 정원이 40석이었어요. 근데 하루에 158명까지 왔어요. 그러니까 아침에 7시, 방학 때는 6시까지 출근했죠.

예? 그럼, 아침 7시부터 몇 시까지…?

밤 10시에 퇴근했어요. 아이들의 실력 수준에 따라서 교재도 개별적으로 썼었고, 수업도 수준에 따라 했었기 때문에 준비할 게 많았죠. 시험 문제도 다 내고. 전부 수기로 하다 보니까 겨우 막차를 타고 왔던 것 같아요. 결혼 전에는 '기자촌'에서 왔다 갔다 했죠. 결혼 후에는 '상산고등학교' 근처 주택에서 1년 살다가 효자주공3단지로 온 거예요.

이사 후 직장이 가까워지셔서 좋으셨겠네요.

반년 있다 그만뒀어요. 임신하고 너무 힘들었어요. 그 아이들을, 158명을 감당하려면 몸이 죽어날 것 같았어요.

그럼 그만두시고 가정주부로서 삶을 보내신 건가요?

그렇죠. 가정주부로서 삶을 살았죠. 속셈 학원을 그만두고 집에서 과외 일 년 정도 하고요.

동네를 옮긴 이유는 무엇인가요? 어디로 이사 갔나요?

오빠 보증 때문에요. IMF 때 보증으로 집이 넘어갔고 이사한 곳이 같이 근무했던 선생님의 시댁 집이었어요. 비어 있는 집이라 거기서 살았습니다.

새로 이사하신 동네와 효자주공3단지의 생활은 무엇이 다르셨나요?

새로 이사한 곳은…. 제가 전주 토박이인데요, 시간을 거슬러 올라가고 하면 초등학교 때만 해도 전주 시내 초가집과 증기기관차가 있었고 완전 시골이었어요. 이사 간 소양에 가서도 생경하지는 않았죠. 실은 지나고 생각해 보니까 아이들에게는 돈 주고도 살 수 없는 참 좋은 환경이었다, 싶어요. 힘들어서 그리 갔지만 뒤돌아보니까 그런 생각이 들었죠.

효자주공3단지에 살았던 기억이 지금의 삶에도 영향을 미치고 있나요?

정원인 것 같아요. 그다음에 좋은 사람들과 같이 어울려 사는 것이 인간은 행복하겠다는 생각이 들어요. 지금은 그런 만남이라든지, 교제라든지 공동체 생활이 결혼 이후 그때가 처음이었고 마지막이었던 것 같아요. 급속도로 사람들의 성향, 인식, 모든 것이 IMF를 지나면서 썰물처럼 빠져나가 버리고… 어떻게 보면 새로운 환경, 새로운 시대가 열린 것 같아요.

그때만 해도 '슬라브주택'이라 그러죠. 신촌 주택 대부분이 슬라브였는데, 옥상에 기저귀 빨래가 집마다 널려 있었어요. 나 역시도 천 기저귀를 썼고. IMF를 거치고 난 뒤 어느 날부터 기저귀도 사라졌고, 아이도 사라졌고, 사람들의 소리가 사라졌다고 보면 돼요. 어떤 시대의 전환에 큰 획을 그었던 것 같아. 사람들도 IMF를 거치면서 각박해졌고.

여기가 재건축한다는 소식을 들었을 때 어떤 기분이 드셨어요?

제일 첫 번째는 '저 아름다운 나무를 어떡하지'였어요. 40년의 세월 동안 거기 서 있었잖아요. 나무가 크려면 적어도 50년을 기다려야 되는데 그런 게 참 아쉽죠. 재건축한다면 더 좋은 아파트가 들어오겠죠. 근데 그때 3단지 사람들의 웃는 소리, 아이들 소리, 이웃들과의 교제는 사라지고요. 거기에 아무리 좋은 인프라를 갖췄다고 한들, 궁극적으로 행복한 마음은 들까? 그게 정말 좋은 결과물일까? 그런 생각은 해요.

재건축으로 인해 살던 곳들의 풍경이 변화하는 것을 자주 보셨잖아요. '기자촌'도 그렇고요. 어떤 생각이 드세요?

가슴이 무너지죠. 지금 개발 전이잖아요. 제가 어릴 때 살았던 기자촌도 싹 밀었잖아요. 건물들이 다 없어지고 나서 그 가운데 한 번 서봤어요. 파인 웅덩이 사이로 물이 고여 있는데 거기에 참새 떼들이 목욕하고 있는 거예요. 그 웅덩이로 하늘이 비치는데, 여기에 정원이 생기면 기가 막히겠다는 생각이 들었어요. 아무것도 안 만들어도, 이 자체만으로도 온전한 개발이겠다는 생각이 들었어요. 아무것도 안 하고 이대로 놔두는 것이 최상의 개발이고, 최고의 보물이겠다는 생각이요.

하늘과 바람과 새들이 놀 수 있는 낙원의 시초가 거기 있더라고요. '이것도 사라지겠구나' 생각하니 가슴이 아팠죠. 인간은 어디서부터 와서 어떻게 사는 것이 행복한 것일까, 생각한다면 자연과 더불어 사는 것을 소중히 여기면 좋겠어요. 아이들을 데리고 와서 개발 전의 모습을 감상하게 해보고 "너희들이 나중에 개발한다면 어떤 집을 짓고, 건축물을 세울래?"라고 물어보고 싶어요.

혹시 사진으로 남기고 싶은 곳이 있다면 어디인지, 이유를 물어봐도 될까요?

그냥 우편함도 남기고 싶고, 쓰레기 투입구도 남기고 싶고. 거기 모든 게 다 없어질 거예요. 그렇지만 옛것을 기억하며 이런 시절도 있었구나, 생각이 들 것 같아요.

놀이터도 보면 실제론 무서웠어요. 아이들이 없는 놀이터는 무섭더라고요. 3단지 오솔길에서 사진 찍고 싶어요. 항상 장 보는 길에 일부러 걸어가서 쉬기도 했던 곳이에요.

그다음에 아파트 입구 신호등 건너 횡단보도 있는 곳에 구둣방 아저씨가 있었어요. 구두를 굉장히 잘 손질하는 그 아저씨가 아직도 있다면 거기서 사진을 찍고 싶어. 아무리 낡은 것을 갖다줘도 신기하게 새 구두로 만들어 줬어요. 저 손은 너무 신기하다, 아저씨를 볼 때마다 나도 구두 수선공이 되고 싶다고 생각했거든요.

그렇군요. 마지막으로 효자주공은 김완숙 님에게 어떤 의미였는지 물어보고 싶어요.

효자주공은 희망을 품고 시작했고 슬픈 마음으로 떠나기도 했고. 오래 살지 않았기 때문에 깊은 인상은 없지만 살면서 어울렸던 또래 엄마들이 많이 기억나요. 7년 동안 3단지 놀이터 앞에서 교제하고, 웃고, 떠들고, 이렇게 했던 그 기억이 지금은 누릴 수 없는 모습이잖아요. 내가 그런 풍경을 마지막으로 혜택받은 세대였구나 하고 감사할 때가 있어요. 지금 세대는 그런 풍경을 만날 수가 없잖아요.

결혼 전까지 살았던 기자촌, 결혼 후 아이 셋을 낳고 기른 동네, 효자주공3단지. 그곳에 머무는 동안 만난 이웃들 그리고 아이들 모습의 잔상이 여전히 아른거리는 듯했다. 재건축으로 사라지는 동네의 일상을 떠올리며 사람이 행복해지는 길은 의외로 단순할지도 모른다. 사람들과 소소한 일상을 나누고 그것을 지켜보고 있는 푸른 나무들.

김완숙님 사진 제공

위로되었던 나만의 공간

장한빛(1999년생) | 거주 기간 2014-2018

아버지의 발령을 따라 부안에서 전주로 와 효자주공3단지에 살게 됐다. 효자주공3단지에서 약 5년간 살다가 평화동으로 이사했다.

도시의 삶은 꽤 퍽퍽하고 쉽지 않았어도 이곳만큼은 외로움과 힘듦을 털어놓을 수 있는 곳이었다. 아파트는 허름했지만, 자신보다 나이가 많은 커다란 나무들이 너무 좋았고, 단지 내 곳곳은 놀이터가 되었다.

안녕하세요. 자기소개를 부탁드립니다.

저는 전주대학교 재학 중인 학생입니다. 대학생이에요.

효자주공3단지에 이사 오게 된 계기를 물어볼게요.

제가 중학교 때는 부안에 살았어요. 아빠가 공무원이셔서 효자주공 공무원 아파트에 계셨고요. 중학교 3학년 때까지는 아빠를 만나러 주말에만 왔다 갔다 했어요. 고등학교 입학 후 기숙사에서 지냈었는데, 2학년 때 기숙사를 나오고 나서부터 본격적으로 효자주공에 살기 시작했어요.

공무원 아파트로 처음 이사 왔을 때 기억나는 게 있나요?

사실 저는 창피했어요. 왜냐하면 3단지가 되게 허름했거든요. 그 당시에 만연했던 게 '휴거지' 이른바 '휴먼시아 거지'라는 단어들이 현실에 올라왔을 시점이었어요.

제가 '기전여고'를 다녔어요. 친구들은 다 부자 아파트에 사는데 "나 효자주공에 살아!"라고 말을 못 하겠는 거예요. 친구들은 막

'호반베르디', '아이파크' 이런 브랜드 아파트에 사는데 저만 효자주공이라 부끄러워 말이 안 나오더라고요. 그 당시에 저는 우리 아파트에 너무 만족했지만 "나 효자주공3단지 살아"라고 당당히 말을 못했어요. 나중에 알고 보니 제 언니도 그랬다고 하더라고요.

그렇구나. 효자주공3단지에서 보낸 시간은 어땠나요?

진짜 행복했어요. 일단 제가 자연을 정말 좋아해요. 뒤에 가면 공원이 있잖아요.

오, 맞아요.

엄마 아빠랑 산책을 많이 했었어요. 나무들이 또 오래됐잖아요. 제가 오래된 나무를 진짜 좋아한단 말이에요. 겨울에는 나무 끌어안고 "너 춥겠다!" 이런 적도 있었고요. 큰 나무들에 애정이 있었죠. 단지 뒤에 보면 약간 턱이 있어요. 거기서 썰매를 타고 놀았어요. 진짜 완전 썰매장처럼 있단 말이에요. 눈 내리면 포대 가져가서 썰매를 탔죠. 블로그에 '썰매 일기'라는 글도 쓴 적이 있는데 지금은 너무 창피해서 삭제했어요.

(웃음) 사람이 없으니 그럴 수도 있겠군요.

사람들도 친근하고요. 제가 핸드폰이 없어서 엄마랑 연락이 안 됐을 때 앞집에 들러서 "할머니, 저 지금 엄마가 집에 없는데 잠깐 여기 있어도 돼요?" 그런 적도 있고요. 그 할머니 지금 잘 사시나 모르겠네…. 효자주공을 생각하면 정겹고 애정이 많은 공간이라서 재건축이 안 됐으면 좋겠고, 한편으로는 개발이 된다면 그게 공원이라면 좋겠고요. 자연이 너무 예쁘니까.

효자주공3단지에서 가장 좋아하는 공간은 어디였나요?

가장 좋아하는 공간은…. 공원 쪽으로 가다 보면 옆에 나무도 많거든요. 알죠? 거기로 들어가면 산 같은 공간이 있어요. 거기를 되게 좋아했던 것 같아요.

정확한 위치가 128동 뒤인가요?

네, 그쪽인가 봐요. 거기를 되게 좋아했고, 할머니들 토마토 농사짓는 걸 보면 너무 귀여웠어요. 우리 아파트가 이만큼 자연 친화적인가 싶어서 그게 좀 웃겼어요. 그리고 할머니들이 길고양이 밥을 그렇게 잘 주거든요. 고양이 밥 주는 데가 따로 있었어요.

어? 그때도 있었구나. 세탁소 뒤 정자가 있는데 무슨 사료 한 포대가 엄청나게 크게 있어서요.

맞아요. 거긴 정말 진짜 정이 많은 동네예요. 그런 것들이 나의 자부심이에요. 여기는 진짜 정이 가득한 곳이야.

애길 들어보면 단지 전체를 다 좋아하는 듯한 느낌이네요.

그냥 다 좋아했어요. 굳이 꼽자면 오솔길이긴 한데 단지가 크잖아요. 하여튼 싫은 구석은 별로 없었던 것 같아요. 그때가 제 인생에서 진짜 안 좋은 시절이었거든요. 그래도 효자주공3단지는 나쁜 기억으로 남아 있지 않아요.

그렇지만 학교에서는 약간 꺼내놓기 어려웠던 거군요.

스스로는 너무 만족스러운데 학교에서는 꺼내기가 조금 창피했죠. 시선을 의식하는 것들이 있어서요. 지금은 많이 괜찮아지긴 했는데 그게 아직도 강했으면 인터뷰하자고도 말 못 했을 거예요. 제가 그 시절엔 감수성이 예민한 사춘기라 그럴 수도 있어요.

사춘기 시절이라면 그럴 수도 있겠다는 생각이 들어요. 밖이 아닌 안으로 들어가 볼게요. 집 안에서는 가장 좋아하는 공간이나 시간대가 있을까요?

지금 여름이라 같은 계절이 떠오르는데 거기가 남향이라 밤에 시원하잖아요. 제가 학교에서 집에 오면 엄마가 제습기를 틀어놔서 집안이 뽀송뽀송했어요. 학교생활이 힘들다 보니까, 이불 밑에서 포근하게 쉬었던 것밖에 생각이 안 나요. 베란다와 거실 턱이 낮잖아요. 햇볕이 그냥 확 들어온단 말이에요. 아파트 내부나 바닥도 갈색이니까 좀 따뜻함을 줬던 것 같아요.

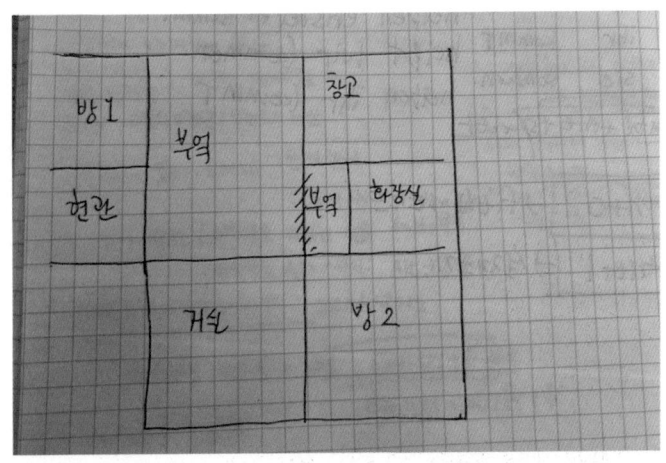

한빛님이 당시 살았던 집을 떠올리며 그려준 도면

주방의 싱크대 수납장도 짙은 갈색이었어요. 그게 따뜻한 이미지를 줬어요. 또 집이 전체적으로는 좁은데 방이 많아요. (손으로 집의 배치를 설명하며) 우리 집은 여기 거실이 있고 주방, 베란다, 방, 구석에 창고가 있고. 여기에 또 방이 있어요. 좁은 집이지만 네 개 정도 구분된 공간이 있어요. 우리 집은 이상하게 집은 좁은데 방은 많아! 이런 느낌? 집에 창고가 있는데 은근히 또 크거든요. 그래서 남자 친구랑 통화할 때 창고에 들어가서 어렸을 때 이렇게 쪼그려 앉아서 통화했던 기억이 있어요.

(한빛 님은 통화했던 포즈를 친절히 취해줬다.)

좁은데 알차다는 말이 너무 웃겨요. 얘기를 듣다 보니 생각할수록 삭제한 사진들과 블로그 일기가 너무 아까워요. 이거 복구 못 하나?

고등학교 때를 싹 삭제해 버렸어요. 고등학교 때 쓴 일기, 중학교 때 쓴 일기 다 지워버려서….

효자주공3단지 안에서 가깝게 지낸 이웃이 있나요?

음…. 이웃이라기보단 옛날에 엄마랑 영화를 보러 롯데시네마로 가는 길이었는데요. 언덕길에서 처음 만난 사람이랑 엄마가 뜬금없이 긴 얘기를 하더라고요. '아니, 처음 만난 사이인데 이렇게 길게 얘기를 하나?' 이렇게 생각했던 게 기억나요. 잘은 기억 안 나지만 어렴풋하게는 아이 육아에 관련된 토로였던 것 같아요. 아! 그리고 아파트 쪽에 카페가 하나 있었어요. 지금은 사라진 것 같은데 주인분하고 친해져서 독서 모임도 같이 하고 그랬어요.

효자주공3단지가 재건축된다고 들었을 때 마음이나 기분이 어땠는지 물어보고 싶어요.

너무 슬펐어요. 이 공간에 애정이 너무 많기 때문이에요. '혹여나 나무들이 다 잘리면 어떡하지?' 하는 생각에 슬펐어요. 그 당시에 재개발되면 뭐가 좋을까? 그런 상상도 했었고요. 이 공간을 너무 좋아하니까요.

오! 혹시 어떤 아이디어인지 알려줄 수 있어요?

공원이요. 나무들을 최대한 보존할 수 있잖아요. 이걸 제발 깎지 않았으면 좋겠다, 보존했으면 좋겠다 싶은 마음에 생각했던 것 같아요. 생태공원 그런 거요. 제발 이 나무들만 자르지 말라 생각했죠.

나무를 옮기면 너무 좋겠지만 옮기는 것보다 비용이 절감되어서 그냥 다 잘라버린다고 하더라고요.

저는 나무 생각만 떠올랐던 것 같아요. 나무…. 나무를 너무 좋아해서요. 겨울에는 나무가 너무 춥겠다, 싶었고요.

재건축 자체에 대해서는 어떻게 생각하세요.

물론 아파트가 너무 노후화되어 있으니까 재건축하겠죠. 근데 최대한 효자주공3단지를 살려서 재건축하면 동의하겠는데 그냥 묵사발로 다 이렇게 자르는 그런 재건축은 동의하지 않아요. 효자주공3단지, 내가 좋아하는 그 자연적인 게 다 무너지면 정말 싫을 것 같아요. 재건축도 방향이 여러 가지가 있으니까….

한국 사회에서 재건축은 사실 획일화된 방식으로 많이 하잖아요. 대부분 고층 아파트 위주고요.

그게 너무 싫어요. 효자주공3단지는 저층이고, 그 자체로 너무 매력 있단 말이죠. 엘리베이터도 없고 계단 타고 올라가야 해서 가끔은 힘들 때도 있었지만, 그걸 지켜줬으면 좋겠는데요. 엇! 제가 놓친 게 하나 있어요. 벚꽃 필 때 엄청 예뻐요. 전주에서는 벚꽃 구경하러 '전주동물원' 간다고 하잖아요. 그냥 효자주공으로 사진 찍으러 오시면 됩니다.

이곳에 살았던 기억이 지금의 삶에도 여전히 영향을 미치는 부분이 있다면 무엇이라고 생각하세요?

생각해 보면 제가 살던 주거지에는 항상 자연이 있었어요. 그게 익숙하다 보니까 지금 살고 있는 아파트에 가서도 자연을 찾아요. 지금 집 뒤에도 거대한 나무 한 그루가 있어요. 거기를 주로 많이 방문해요. 한 바퀴 꼭 돌아줘야 해요. 그게 인사예요. 효자주공에 살았던 경험이 제가 일상에서 자연을 가까이하는 습관을 길러줬어요. 고향인 부안에도 자연이 많으니까 익숙하거든요. 전주로 이사 와서 부안에서의 일상이 그리울 수도 있었는데, 어떻게 보면 효자주공의 자연으로 그리움을 해결할 수 있었고요. 또 지금은 효자주공이 그리울 수 있는데 지금 사는 집 근처에도 나무가 있으니까, 그건 그 나름대로 나를 지켜주는 느낌을 받을 수 있어요.

사진으로 남기고 싶은 공간이나 같이 찍고 싶은 특별한 곳이 있다면 어디일까요?

크고 두꺼운 나무 한 그루요.

특별히 기억나는 나무가 있어요?

아니요. 그냥 정말 오래된 것 같은 나무 있잖아요. 그걸 찍고 싶어요. 사진으로 남기면 보존할 수 있잖아요. 영혼이라든지.

(추억을 떠올리는 것 같으면서도 그 시절의 장면들이 많이 생각나는 듯 소소한 이야기들을 계속 이어 나갔다.)

등나무 벤치 앞에는 놀이터가 있었던 것 같은데. 그 당시에 애들이 조금 있었어요. 2018년도까지만 해도. 막 뛰어가는 애들, 언니들, 어린이들이 있었어요. 주차장에도 차가 많았고요. 한 20살 넘어갈 때쯤에 점점 다 이사 가기 시작했어요. 재건축된다고 해서요. 그렇게 다들 이사 가고 효자주공3단지가 점점 텅텅 비기 시작했어요.

자, 이제는 마지막 질문입니다. 한빛 님에게 효자주공이란 어떤 의미인가요?

엄마가 아기를 바라보는 그런 아련한 시선이요. 흐뭇한 공간인데 갑자기 사라진다고 하니 마음이 아파요. 나중에 10년 뒤면 이제 아련한 공간이잖아요. 엄마가 이제 자식을 떠나보내는 느낌이랄까. 효자주공은 내가 전주라는 낯선 도시에 마음을 붙일 수 있도록 처음 도와준 따뜻한 곳이에요. 학교라는 공간에 가면 나는 맨날 치이고, 당하고 왔는데 이제 효자주공3단지가 또 고요하고 조용하단 말이죠? 공간이 진짜 조용해. 그것도 장점이에요. 학교에서 치이고 돌아오면 집에서 다시 치유를 받고.

2부. 효자 시절, 그때 그 사람들

오래된 아파트를 관리한다는 것

'용머리고개'를 지나 효자주공3단지에 들어서면 마치 다른 도시나 낯선 나라, 혹은 다른 차원으로 이동한 것만 같은 인상을 준다. 아파트 단지 내 곳곳에 페인트칠은 벗겨지고 사람 손을 타지 않은 덩굴과 식물들이 뒤엉켜 아파트 외벽을 뒤덮고 있기 때문이다. 쓰레기 분리배출함과 곳곳에 세워진 푯말, 경비실 옆 손수레까지 40년 세월을 무시할 수 없는 손때가 가득하다. 오래되어 낡았지만, 정겹고 따뜻하다. 떠난 사람들로 빈집이 반 세대 가까이 되는데도 온기가 느껴지는 이유는 무엇일까? 여기 오래된 아파트를 일관된 마음과 태도로 대하는 사람들이 있다.

언제가 될지 모르지만, 조만간 재건축될 효자주공3단지의 기억을 기록하고 수집하려고 하는데요. 주민들도 만나고 있지만 아무래도 관리사무소에서 아파트에 대해 가장 많이 알고 계실 것 같아서 찾아왔어요.

물어봐요. 아는 것까지는 다 알려드릴게요.

소장님은 효자주공3단지에 오신 지 얼마나 되셨어요?

기억이 없네. 너무 오래돼서…. 거진 20년 되었죠. 2007년에 왔으니까.

그때랑 지금이랑 많이 바뀌었죠?

많이 바뀌었죠.

무엇이 달라졌는지 말씀 좀 해주세요.

첫째, 사람이 바뀌었어요. 그 당시에는 거의 시골 마을 같은 분위기였거든요. 사람들도 가득 살고 공무원들도 살고 다양하게 살았죠. 애들 목소리도 많이 들렸고. 근데 어느 순간에 사람들이 다 이사가. 왜냐, 재건축이라는 걸 빌미로 집값이 올라가거든요. 나는 이 제도를 별로 안 좋아하는데 집값이 오르니까 어떤 형태로든 매매가 이루어진단 말이에요? 원래 살던 사람들은 이사 가고, 본인 집이 몇 동 몇 호인지도 모르는 타지 사람들만 남았죠.

그냥 매매해서 아파트를 가지고만 있다는 말씀이죠?

투자해서 세입자를 두는데, 그것도 지금은 한계 상황이 됐죠. 절반 정도밖에 안 되니까. 이렇게 슬럼화가 진행되고, 그래서 치안이 불안하고, 자연스럽게 젊은 사람들은 거주를 잘 안 하게 되죠. 특히 아이 있는 집들은.

그래서 곳곳에 CCTV가 있다는 현수막이 있군요.

원래 여기에 한 10년? 15년 전부터 지구대에서 CCTV를 달아달라고 했었어요. 위험하니까. 근데 여기는 재건축이 진행될 거니까 안 달죠. 기존에 있던 거 말고는 신규가 안 되는 거예요. 나중에 재건축 조합이 만들어지고 나서 달았어요. 방범 차원에서 주민들이 먼저 나서서 달았죠.

공무원 아파트가 이전한 시점부터 이런 분위기가 형성됐다고 볼 수 있을까요?

아무래도 그렇죠. 공무원 아파트가 나간 이유는 딴 게 아니에요. 공무원들이 신규 채용이 되면 젊은 부부, 신혼부부 들이 입주하는데 여기가 40년 전 아파트다 보니 비밀이 없어요. 화장실 물소리까지 다 들리니까. 수리하는 것에도 한계가 있고 하니…. 지금은 공단에서 관리비만 내고 있죠.

현재 아파트를 관리하면서 제일 어려운 점은 무엇일까요?

지금 한 동에 살고 있는 사람이 얼마 없어요. 사실 아파트 현황 파악이 잘 안 돼요. 지금 입주자 대표를 뽑는데, 몇 가구가 사는지를 몰라. 원래 아파트 들어오고 나면 관리사무소에서 다 통제가 되잖아요?

근데 여기는 통제가 안 돼요. 수시로 사고, 팔고 하니까 주인들이 자꾸 바뀌고, 사무실에서는 다 파악하기가 힘들죠. 설사 파악되더라도 실제 거주와는 차이가 있으니까.

대략 몇 세대로 추측하고 계세요?

지금 한 70% 정도 살고 있는 것 같아요. 전체 세대수에서. 그중에서도 자가는 한 동에 한두 명 있다고 봐야 해요.

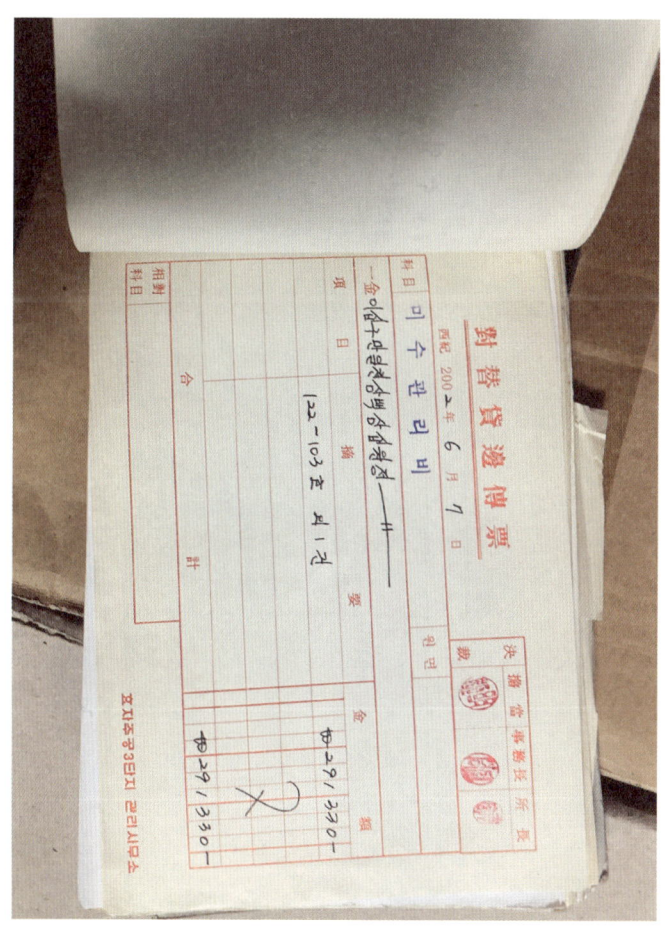

단지도 넓어서 관리하기 힘드실 것 같아요.

여기가 전라도에서 손가락 안에 꼽을 거예요. 35동까지 있잖아요? 전라도 안에서는 아마 제일로 좋을 거예요.

사람 말고 또 변한 건 무엇일까요?

우리 관리소 직원들도 변했죠.

그전에는 관리소 분위기가 달랐나요?

그게 아니라 직장 문화 자체가 바뀌었잖아요. 아파트 관리를 하러 잘 안 오죠. 젊은 사람들은 공채해도 안 와요. 그러니까 여기 (옆자리에 계시는 직원을 가리키며) 영감님이 많이 도맡아서 하시죠.

관리소에는 그럼 소장님 포함 세 명이 근무하는 건가요. 여기를 다 관리하기에는 손이 부족하실 것 같은데.

아니에요. 지금 관리원이 3명, 경비가 4명, 경리 하나, 환경원이 4명… 우리가 몇 명이야? (잠시 떠올리며) 그래도 한 열셋, 넷. 표시도 안 나, 그만큼 있어도.

저희는 아파트 올 때마다 항상 관리가 잘 되어 있고 되게 깔끔하다고 생각했어요.

깔끔하죠. 나이 든 사람들이 더 부지런하다니까요.

관리소의 주요 일과는 어떻게 되나요?

우리 영감님 좀 따라다니라고 그럴까 (호탕하게 웃으며). 지금은 한창 풀 깎기를 할 때예요.

일정이 정해져 있어요?

지금 한 번 깎았고, 아마 이번 주부터 또 들어갈 거예요. 풀을 안 깎으면 금세 크잖아요. 지금 뱀 나올 때라…. 명절 전에도 풀 정리 해야 하고. 장마 오면 또 한 2주 정도는 못 하니까 얼른 끝내야죠.

나무 관리도 하시나요?

나무 관리는 거의 불가능하고요. 주민들 민원이 들어오면 내가 1년에 한 번씩 큰 가지들은 자르죠.

어떤 민원들이에요?

아이, 햇빛 좀 보고 싶다고.

나무가 너무 크니까 그럴 수도 있겠네요.

나무가 있어서 공기는 좋은데 또 피해 보는 사람들도 있어요. '빨래 널어도 볕이 안 들어오니까 잘 안 마른다.' 그러고. 그러면 전지를 해 줘야죠.

소장님 오셨을 때도 나무들이 다 이 정도 높이였어요?

이보단 작았죠. 근데 내가 키웠지 하하하.

처음엔 저 도로 옆의 나무들이 가로수인 줄 알았어요.

메타(세쿼이아)가 거의 1년에 2~3m씩 크는 것 같아. 나도 처음에 나무 자르는 걸 뭐라고 했어. 근데 전임 소장님들이 이걸 왜 깎았겠어? 더 이상 크면 큰일 나. 뿌리가 너무 깊고 강해. 아주 강해. 근데 그게 하수구를 타고 들어가. 그러면 손을 못 대.

뿌리가 깊으면 또 그런 애로사항이 있네요.

뿌리가 너무 크고 나무들도 크고. 그만큼 뻗어있다는 거지. 나무 보러 담양 갈 게 뭐 있어. 거기 가지 말고 여기로 와. 여기가 더 좋아.

주민들이 불편한 점도 있겠지만 저희는 나무가 크고 울창해서 참 좋았어요.

공기는 좋아요. 다른 아파트에 비교해서. 그래서 살기가 아주 좋지. 근데 젊은 사람들은 못 살아. 벽과 벽 사이가 얇아서. 옛날에야 그냥 다 알아듣고 (이해하고) 살았는데 지금은 안 그렇잖아요.

사실상 한 지붕 한 가족 같은….

몇 시에 나오고 들어오는지 그냥 다 알죠.

아이들은 많이 없다고 하셨는데 놀이터는 새로 공사를 하셨나 봐요?

아이, 그게 규정이 안 맞다 그러잖아. 몇 년 이상 된 아파트는 바꾸라 이거예요. 사실 좀 형식적으로 있는 거지.

최소한으로만 바꾸신 거군요. 그래서 미끄럼틀도 없고 그네랑 시소 정도만 있는 거네요.

애들 안전 관리가 아주 중요하니까. 근데 겨울에는 애들이 많이 와요. 여기서 눈싸움하고, 저기 언덕에서 미끄럼틀? 눈썰매 타고. 우리 주민은 아니지만.

20년 가까이 관리하면서 처음이랑 비교했을 때 주민들의 요구사항이 변화된 점은 없었을까요?

많죠, 왜 없겠어요. 지금은 집들이 다 노후화가 됐잖아요. 문도 뒤틀려서 잘 안 열린다고. 근데 사실 그런 건 세입자들이 집주인한테 이야기해야 해요. 주인들은 집세도 워낙 싸게 받으니까 안 해주려고 하죠. 그니까 세입자들이 얘기를 못 하는 거야. 그러고 다 여기 관리소로 오는 거예요.

수리도 다 해주시는 거예요?

해줄 수 있는 건 해주고, 안 되는 건 집주인한테 꼭 얘기하게끔 하죠. 근데 쉽지는 않아.

중간에서 고충이 많으실 것 같은데요.

건물은 아마 대한민국에서 제일 강할 거예요. 시멘트가 몇백 년 가는 거 알죠? 그런데 이제 아파트가 40년쯤 되다 보니까 내부나 설비가 노후화되었죠. 차라리 보강하고 리모델링하면 더 좋을 것 같긴 해. 내가 미국은 안 가봤지만 여기가 '베벌리힐스'보다 더 좋은 곳이라고.

처음에 아파트가 마을 같다고 하셨는데 어떤 부분들 때문에 그렇게 이야기하신 걸까요? 효자주공3단지만의 문화나 이런 것들이 있었나요?

시골집은 내가 지어서 깨끗이 살고 자식한테도 넘겨주는 거라면 여기는 아니에요. (아파트는) 상품이에요. 옛날 우리 살던 마을하고는 문화가 달라요. 그래도 문화가 뭐냐, 말 그대로 연결되면 공유하고, 공감하는 거. 옛날 월드컵 할 때 주차장에서 같이 경기 보며 춤추고 술 먹고 그랬던 때도 있었는데 지금은…. 여러모로 불가능하죠.

재건축 이야기가 나왔을 때 주민들의 반응은 어땠는지 기억하시나요?

다 환영하는 분위기였어요. 이제 나한테도 관리하지 말라고 그러더라고.

아파트를요?

응, 이제 곧 나갈 거니까.

금방 될 줄 알았나 봐요.

봉급 줄 테니까 가만히 있으라고. 왜? 소장이 움직이면 돈이거든요. 이것저것 고쳐야 하고 관리해야 하고. (사무실 안의 책상과 캐비닛을 가리키며) 이거 봐봐, 어유. 지금 이런 거, 이렇게 오래된 철제 구경한 적 있어요? 저게 지금 80년대 책상이랑 캐비닛 주워 온 거라고. 여기는 시간이 다 멈췄어.

놀이터에 있는 '경작 금지' 현수막도 인상적이었어요. 진짜로 놀이터에 텃밭을 꾸린 분이 있어서 관리하시는 건가요?

어휴 참, 내가 텃밭 얘기하면 할 얘기가 많아요. 언제부턴가 스멀스멀 그렇게 짓기 시작한 거예요. 나는 그래요, 어차피 전체를 다 막고 관리하기에는 한계가 있으니까, 갈등만 일으키지 않는다면 허용하는 편이에요. 텃밭 가꿔서 나눠 먹으면 되지, 뭐 하러 쌈박질을 해요? 그럼 내가 여기를 다 없애버리지. 근데 또 누가 비료라도 뿌리면 금방 민원 들어오지.

텃밭에 진심인 분들이네요!

민원은 안 돼. 우리 지금 풀 베는 때 되면 호박이 많이 열려있을 시기예요. 그러면 사람들이 우유 갖고 찾아와.

우유를요?

내 건 베지 말라고.

일종의 뇌물이네요.

우리야 풀 벨 때 싹 베어버리면 일도 간편하고 수월하죠. 근데 뭐 어떻게 해….

텃밭이 진짜 잘 되어 있어요. 보는 재미도 있고. 도시 텃밭처럼 구획도 잘 나누어져 있고요.

아니 새로 들어온 양반은 누가 (전에 살던 사람이) 주고 갔대. 누구 마음대로 분양하는 건지, 원…. 하여튼 싸우고 민원 없이 하면은 됐지, 뭐.

그런 부분이 효자주공3단지의 매력이고 특별한 점 같아요. 콩부터 옥수수, 고구마, 땅콩 별것이 다 있던데요?

그래서 지금 화단이 거의 없어졌어요. 원래 여기가 꽃이 많은 아파트인데….

관리사무소에서 시작된 이야기는 1시간을 훌쩍 넘어 점심시간을 핑계로 마무리되었다. 식사해야겠다는 말 뒤로 자리에서 일어나 따라오라는 손짓을 한다. 사무실 앞 창고에는 아파트를 관리하며 모아두었던 사진과 도면, 각종 영수증 들이 정돈되어 있다. 20년 전 효자주공3단지에 처음 왔을 때부터 어지럽게 널려 있던 자료들을 시기별, 내용별로 분류하고 정리한 것이다. 아파트가 재건축되면 다 사라질 흔적들이다. 가지런히 정돈된 서류들로 소장님의 아파트를 향한 마음을 조심스럽게 가늠해 본다. 오랫동안 하나의 일을 해온 사람들에게서 볼 수 있는 깨끗한 마음과 태도를 닮고 싶다고 생각하면서. 그러한 사람들의 마음과 손길로 비어 있어도 비어 있는 곳이 아닐, 오래되었어도 방치된 곳이 아닐 효자주공3단지를 떠올리면서 말이다.

(063) 227-0063
404
아저씨 고마워요 ^^
404
-남의 우편물 손대지 맙시다-
국제용달
286-0024
욕조철거, 타일시공, 욕실리모델링
양변기, 세면기, 교체, 비데, 수전
보일러시공, 정화조, 수도배관

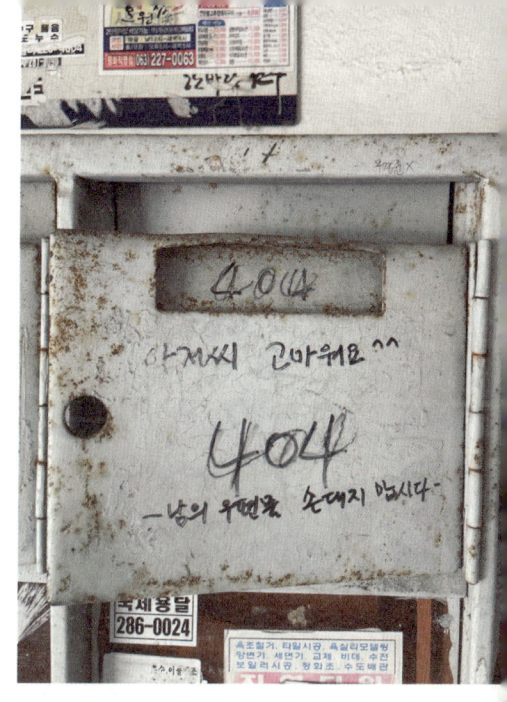

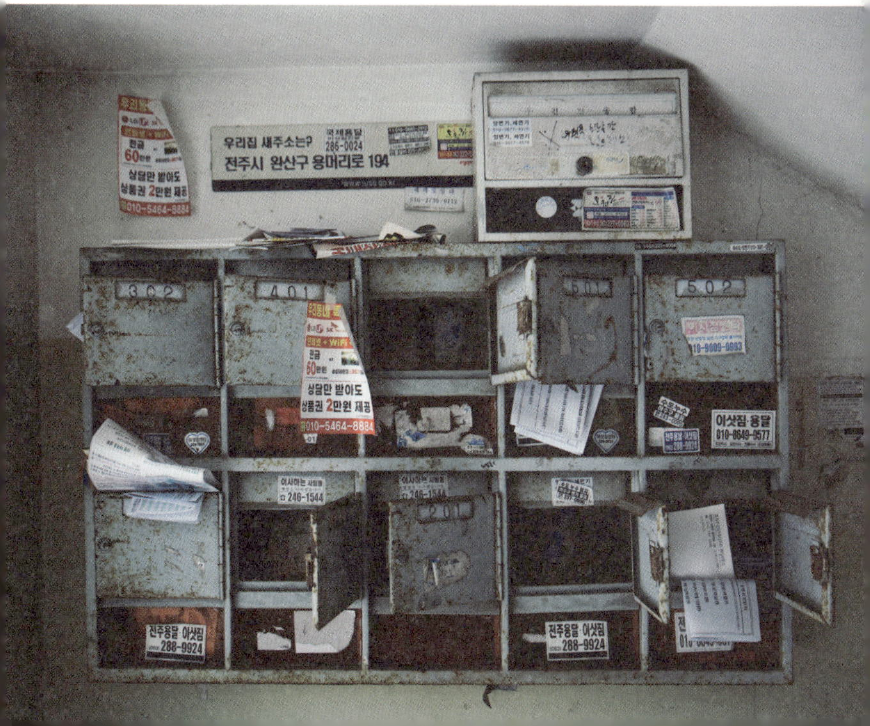
우리집 새주소는?
국제용달
286-0024
전주시 완산구 용머리로 194
상담만 받아도
상품권 2만원 제공
010-5464-8884
302
401
601
502
이삿짐·용달
010-8649-0577
이사하는 사람들
246-1544
201
전주용달·이삿짐
288-9924

에필로그

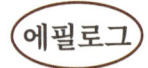

효자주공3단지의 기록을 함께한 세 명의 이야기

『효자, 시절』을 만들고 또 다음 단계로 나아가며.

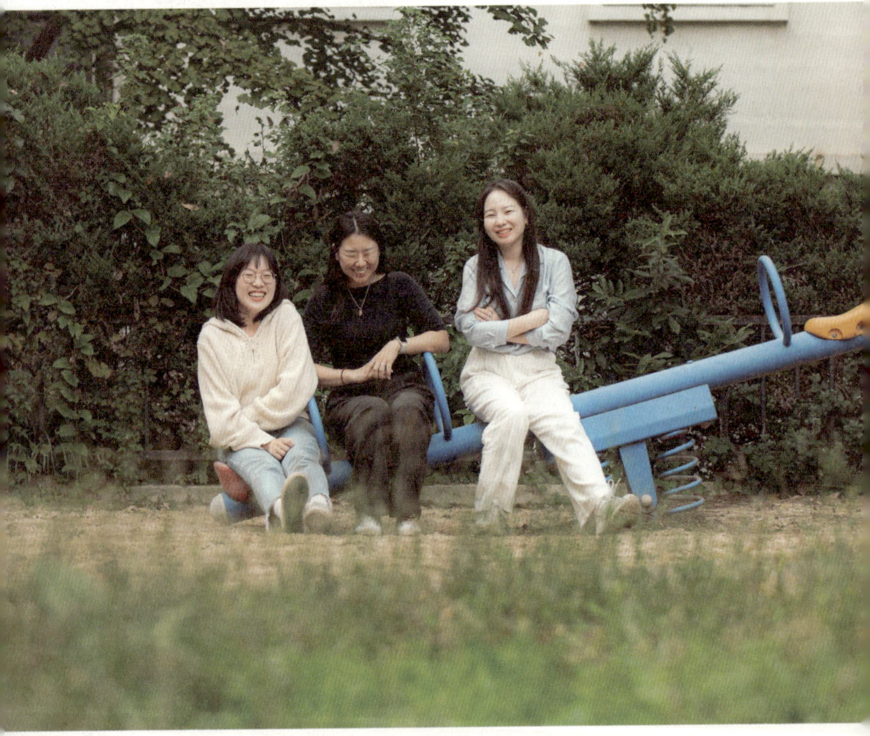

채람: 봄에 시작했는데 벌써 가을이 됐네, 다들 어땠어?

소영: 내가 하고 싶어서 시작하긴 했는데 막상 만났던 효자주공 사람들은, (물론 아닌 분도 있었지만) 대체로 적극적인 애정 같은 것들이 느껴지지 않아서 개인적으로는 조금 아쉬웠어. 재건축이 결정되고 많은 사람들이 떠난 뒤라 그런지, 남은 주민들은 복잡한 감정도 이미 소진된 듯했어. 이제는 그저 떠날 날만 기다리는 듯한 건조한 느낌이었거든. 조금 더 일찍 시작했다면 효자주공3단지에 대한 그리움이나 따스한 추억이 담긴 이야기를 들을 수 있지 않았을까? 하는 아쉬움이 있어. 현실은 내 생각과는 달랐던 거지.

채람: 한편으로 이런 생각도 들어. 사실 사람들이 자기도 모르게 살던 집과 동네에 애정이 있지만 그걸 꺼내놓거나, 표현한 적이 없어서 잘 몰랐을 수 있어. 왜냐하면 인터뷰 처음에 다들 세탁소 사장님과 같은 감정과 단어로 말하진 않았지만, 나중에 인터뷰한 내용을 찬찬히 살펴보면, 본인이 계속 살았던 이 공간에 자기 나름의 애정이 있었거든. 그 애정의 단어나 문장들이 우리가 알고 있는 것과는 결이 조금 달랐지만, 마음속 깊은 곳에는 이 동네와 마을, 아파트를 사랑하고 뭔가 '내가 여기 살았잖아', '나 지금 여기 살고 있잖아' 하는 자부심도 느껴졌어.

풀잎: 효자주공3단지는 내가 과거에 살았던 곳이고. 없어지는 그 공간을 향한 기억을 잘 갈무리하고 싶은 마음에 시작했어. 나의 정말 소중한 추억들이 깃든 곳이라 특별한 의미가 있지만, 막상 어떻게 기록해야 할지는 여전히 고민이긴 해.

만약 내가 지금 살고 있는 곳이 재건축된다고 하면 나도 뭐라고 말할지 모르겠어. 자신 있게 좋아하는 공간을 소개할 수 있을까? 없어지는 것에 관한 이야기를 내가 잘 기억하고 있나? 그냥 일상적인 이야기밖에 못 할 것 같아. 단순히 '아쉽다, 없애면 안 된다.' 말하는 대신에 재건축의 방향이 어떻게 가야 할지 사람들과 이야기를 나누고 싶어. 우리의 일상과 삶을 담을 수 있는 공간이 될 수 있도록 함께 고민하고 좋은 방향을 찾아간다면 이 공간을 조금 더 의미 있게 보낼 수 있지 않을까? 혼자 아쉬워하기보다는 모두가 함께 새로운 가능성을 찾아보면 좋겠어.

채람: 내가 경계했던 건, 여기 되게 오래된 아파트고 사람들도 오랫동안 살다가 이 공간이 없어지니까 다들 '이 사람 슬프고 아쉽고 그러겠지?' 이런 생각을 좀 많이 내려놓으려고 했어. 그런 감정을 유도하지 않으려고 노력했지. 그리고 풀잎은 실제 효자주공3단지에 살았던 사람이고, 어떤 개인적인 명분도 있잖아. 우리는 이 작업에서 어떤 명분을 가지고 해야 하냐는 고민을 많이 했던 것 같아.

소영: 그런 걸 생각하면 '좀 더 우리가 사람들과 교류가 길었다면 어땠을까'라는 생각이 들어. 그냥 쓱 가서 "여기서 제일 좋아하는 장소는 어디예요?"라고 물어본다고 답이 나오는 게 아니니까. 결국 나는 외부자의 시선, 그냥 그 한계를 인정하기로 했어. 대신 '이 아파트를 모르는 사람들에게 내가 어떤 얘기를 전달할 수 있을까?'라는 고민은 여전히 들기도 하고.

채람: 나는 이 작업을 하면서 되게 진부한 이야기일 수도 있지만, '어떤 곳에서 살아야 하나'라는 질문을 계속했었어. 요즘은 실제 거주보다 재테크 목적으로 매매하는 사람이 많으니까. 나는 어떻게 살고 싶지? 나도 '에코시티' 같은 비싼 신축 아파트에 가서 살고 싶나? 그런 질문들을 스스로 계속해서 서슴없이 던졌어. 그런데 나는 아닌 것 같아.

소영: 효자주공 재건축 채팅방에 들어가 있었는데, 이걸 보면서 어느 순간 '사야 하나?' 라는 생각이 들더라. 대출 상품이랑 구체적인 방법까지 알려주니까 혹하더라고. 원래는 사람들 생각을 알고 싶어서 채팅방에 들어간 건데, 결국에는 나도 똑같이 그 프레임에 갇혀서 '사고 싶다!'라는 생각이 든 게 조금 무서웠어. 이런 마음이 드는 내가 너무 이상하고 깜짝 놀랐어. 지금은 그 채팅방을 잘 안 봐. 분양 얘기로만 과열되니까 마음이 너무 어수선해져서.

풀잎: 재건축 얘기만 나오면 다들 조심스러워하시는 것 같아. 관리소장님도 돈이 개입되니까 사람들이 서로 의리도 뭐도 없이 태도가 다 변했다고 하셨잖아.

소영: 조합 설립되고 사업 시행 인가 받았을 때 엄청난 격동이 있었을 것 같아. 그리고 점점 이렇게 사람들이 빠졌을 거고. 그 시기가 그러지 않았을까 싶어.

채람: 재건축이 '헌 집 줄게 새집 다오.' 가 아니라, 부의 증식 수단이 되어버린 거지 .

소영: 기억나는 활동이나 만남 같은 것들은 있었어?

풀잎: 다들 재밌었던 것 같아. 재미난 에피소드들이 다들 있는 것 같고. 동 대표님은 화재 나서 불 끄러 다 같이 갔다고 한다든지, 한빛 님은 창고에서 남자 친구랑 전화한다고 하고. (웃음)

채랍: 그러니까 너무 귀여워, 상상하면. 나는 관리소장님하고 만났을 때 일단 너무 유쾌하고, 재밌었어. 그냥 쓱 던지는 말인데 내가 자꾸 곱씹어 보고 생각하게 되는 그런 말들이 있어서 기억에 남아. "나무도 다 내가 키운 거잖아" 이런 식으로 얘기하시는 걸 보면서 관리소장님한테 오히려 이 공간에 대한 애정, 애틋함을 더 느꼈다고 해야 하나? 곧 재건축하고 그러면 대충대충 해도 되는데 본인이 하는 일에 있어서 심지가 느껴져서 '나도 저렇게 되고 싶다.' 생각이 들었어.

풀잎: 나도 태도를 본받고 싶다는 생각을 했어. 사실 나중에 해도 되는데 일일이 연도별, 종류별 카테고리로 다 분류해서 정리하셨잖아. 엊그제 관리소장님이 건네준 사진을 보다 보니까 지붕의 돌이 떨어져서 차가 파손된 사건이 있었는데 그걸 무슨 사건 일지처럼, 진짜 몇 년도 몇 월 몇 시 접수 이렇게 해두셨더라고. 관리소장님인데 경찰관 같은 느낌도 들고.

소영: 근데 확실히 우리가 처음으로 만난 분이 세탁소 사장님이었던 게 다행이라는 생각이 들어. 정말 환대해주셨잖아. 이때부터 *독서 모임도 시작했었고.

*효자주공3단지 기록을 하면서 아파트 건축 주제의 독서 모임을 진행했다. 현재도 관련된 책을 함께 읽는 중이다.

채람: 그건 너무 잘한 선택이었어.

풀잎: 진짜 이렇게 건축 책을 보고 도면까지 자세히 설명을 들을 기회는 많이 없지.

소영: 만약에 그냥 효자주공3단지를 기록했다면, 생활사 기록 정도로 끝났을 텐데 건축적 관점을 알게 되면서 인터뷰할 때도 다르게 들리고 더 많이 보였어. 왜냐하면 시대상을 같이 알게 됐으니까. 앞으로의 계획도 이야기해 보자. 두 번째 책도 생각해봤어?

채람: 좋아. 언제 시작할까? (웃음)

풀잎: 책이 나오면 북토크도 하면 좋을 것 같아. 더 정리도 될 것 같고.

소영: 효자주공3단지의 숲과 나무 얘기를 더 하고 싶은데, 이런 고민을 얘기하면 다들 경제적인 얘기만 해. 나무 자르는 게 더 빠르고 싸다고. '오래됐다는 이유로 다 보존해야 하는 거야?'라고 하는데 나도 이걸 어떻게 설명해야 할지 모르겠어.

채람: 효자주공3단지의 나무와 숲으로 둘러싸인 공간이 주는 분위기가 진짜 좋잖아. 분명히 그런 환경이 사람들에게 미치는 영향도 있었을 테고. 그 상호작용에 대해 더 알아보고 싶긴 한데, 쉽진 않을 것 같아.

소영: 맞아. 사람들은 공원 만들 거니까 괜찮다고 말해. 하지만 단순히 녹지를 얘기하는 것만은 아닌데 말이지.

채람: 재건축하면 다 돈으로 따지게 되니까, 40년 된 나무도 그냥 물건 취급하는 것 같아. 너무 많은 사람의 이해관계도 얽혀있고 어떻게 해야 할지 모르겠지만 단순히 흘려보낼 건 아닌 것 같아.

풀잎: 나는 천천히 다시 한번 둘러보고 싶어. 구석구석 잘 보고 싶기도 하고. 평화롭게 아파트도 걸어보고. 여기는 새 종류도 많은 것 같더라고. 생태계가 조금 더 잘 보여서 좀 가볍게 산책하면서…

소영: 『효자, 시절』 다음은 『효자, 산책』?! 아직 효자주공3단지의 가을을 못 봤거든. 가을의 모습이 기대되긴 해.

채람: 생태적인 부분도 같이 담으면 좋겠어. 어쨌든 나무들은 아주아주 높은 확률로 없어질 운명이니까. 남는다고 해도 몇 그루 정도만 남겠지. 현실적으로 그런 거를 우리가 잘 기록하면 좋겠다는 생각도 들어.

소영: 맞아 나도 고민이야. 사람들에게 어떤 부분을 더 얘기하고 싶은지, 어떻게 해야 할지, 뭘 더 할 수 있을지 고민해보자.

[참고 문헌]

단행본

대한주택공사, 『주택단지총람 '71-77』, 1978
대한주택공사, 『주택단지총람 '78-80』, 1981

논문

이인규, 「둔촌 주공 아파트 단지 생애사 연구」, 서울시립대학교 석사학위 논문, 2021
임준하, 「아파트 키즈의 아파트단지에 대한 장소 애착과 기억」, 서울대학교 석사학위 논문, 2017

관공서 자료

국가기록포털 (www.archives.go.kr) 1983-198호 고시
서초구, 「구반포주공아파트 아카이빙 자료집」, 2021
전주시청 고시 2024-95호 2030 전주시 도시·주거환경정비기본계획 고시
전주시청 제공 자료(행정 서류)
전주시, 「2030 전주시 도시·주거 환경 정비 기본계획」. 2024
전주시 생활지리정보 항공사진 서비스(map.jeonju.go.kr)
(재)전주문화재단, 「전주시 마을 조사 동심 찾기 효자1동 마을조사서」, 2018
(재)용인문화재단, 「기록으로 담은 아파트 생활사」, 2023
(재)수원문화재단, 「기억할게 고마웠어 – 문화도시 수원 도시기록단 아카이빙 프로젝트」, 2022
효자3주공 재건축정비사업 정비계획용역_기초조사자료(출처:정비계획용역사)

언론보도

네이버 뉴스 라이브러리 (newslibrary.naver.com/)
전북일보

[발행 정보]

효자주공3단지 기록 vol.1 『 효자, 시절 』

1판 1쇄 펴냄 2024년 11월 25일
펴낸곳 씨즈닝팩토리
출판등록 제2021-000046호

원고·편집 김채람 양소영 이풀잎
교정·교열 서지석
디자인 임유란
사진 오태풍 장근범 정한슬
제작·제책 엔투디

email   hyoja3_apt@naver.com
instagram   @hyoja3_apt

ISBN   979-11-976559-2-0

값   15,000원

이 책은 저작권법에 따라 보호받는 저작물이므로 무단 전재와 복제를 금합니다. 이 책은 2024년 전주도서관 출판 제작 지원 공모사업의 지원으로 제작되었습니다.